當日本OL變成了韓國不良主婦

NANAI 著

目錄

Chapter 3
房子也要長一樣？一窺韓國人的日常起居

Chapter **6**

韓國人
惡魔 or 天使？

也有這麼一群人……

韓國，人

韓國媳婦的年節恐懼症

與婆婆修羅場那一夜

登場人物

美男

有一次在 IKEA 突然被陌生小妹妹告白:「是美男耶!」而得來的稱呼。從沒出過國的正港歐爸,卻因為一次海外出差陰錯陽差成為台灣女婿;是珍奶狂熱粉,婚禮中場休息時也要來一杯。

美男哥

美男的哥哥,大家族預備繼承者,長男的長男。未來長媳募集中!

尋找長媳的路既坎坷又崎嶇,目前育有一公一母寵物狗為代理長媳。

翁罵

NANA 的韓國婆婆,九人兄弟姊妹大家族長媳。做料理喜歡以「臉盆」為單位。

什麼事都可以隨興沒關係,但對於遵守「傳統禮俗」這件事一定要 100% 到位!

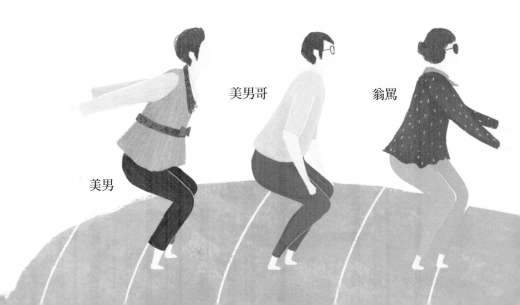

美男　　美男哥　　翁罵

阿爸

NANA 的韓國公公，九人
兄弟姊妹大家族的長男。

鐵漢柔情一枚，自從兒子
娶了台灣媳婦後，對台灣
事物保持高度關心，特別
是茶葉蛋和芋圓，非常好
奇到底是什麼味道！？

NANA

寫下這一切事物的外籍
小媳婦，曾經最討厭韓
國，卻因為一包辛拉麵
成為韓國「不良」主婦。

常不務正業，用一顆好
奇的心，闖蕩這個與台
灣既相似又陌生的國
度，偶爾會上演與婆婆
的文化差異美妙篇章！
（疑？）

阿爸

NANA

序 做人不要鐵齒

韓綜《兩天一夜》裡，老奶奶述說著：「1950 年春天，我上了小學，後來 6 月 25 日南北韓戰爭爆發，學校被轟炸，從此就不認識字了。」

「如果識字的話，就可以搭著公車到想去的地方。」

「如果識字的話，就可以寫信給媽媽訴說對她的感謝，活到這把年紀都沒有盡過孝道⋯⋯」

電視機裡面老奶奶們像孩子般一筆一劃練習寫著韓文字母：

「『紅色』的『紅』怎麼拼？」

「빠르가느」

這場景，彷彿刻劃出自己最初在韓國生活的真實寫照。

一個愛日本愛到恨不得成為日本人的女孩，現在竟然來到了曾經最討厭的韓國，在這裡開啟了第二人生，從零開始。

安妞，我叫做 NANA，是個超級哈日族！

我來自台灣，是個再平凡不過的普通人，沒有顯赫的家世背景、沒有比較會讀書，長相當然也沒有比較出眾。小學五年級時，掀起一波所謂的「哈日風潮」，《阿信》、《東京愛情故事》、《101 次求婚》……早期經典日劇，反覆地在電視上播放。

安達祐實主演的《無家可歸的小孩》，開啟了我愛上日本這條路。劇中經典台詞：「同情我，就給我錢！」對當時年幼的我造成極大震撼，後來一直到上大學為止，遙控器從沒轉到日劇以外的頻道過。

野島伸司編劇一系列的社會寫實作品：《高校教師》、《人間失格》、《未成年》、《聖者的行進》等劇，讓我對日本社會充滿好奇；透過北川悅史子編劇的《愛情白皮書》、《長假》、《跟我說愛我》、《最後之戀》等戀愛類作品，更加深了我對這個國家的憧憬。也因為看了日劇，進而對演藝人員產生好感，傑尼斯、安室奈美惠、濱崎步……我也加入了追星行列。當時在高雄進口日本雜誌、明星商品的店家不多，每次都託台北朋友幫忙購買、寄送，最期待打開那熱騰騰與當地同步的第一手資訊。

高中時期，參加學校「日劇研究社」、「日本文化研究社」當了社長，光明正大在校內看起日劇（嗯？），總之就是一個愛日本愛到無可救藥的 Super 哈日族！那時，辣妹系雜誌「Cawaii!」中文版在台正式發行，看著雜誌上最時下穿著、辣妹元素流行聖地「澀谷 109 百貨」，我夢想著總有一天，一定要到 109 百貨朝聖、到日本生活！

那時班上有位女同學和我完全相反，我有多愛日本，她就有多愛韓國！那時候「韓國」在台灣還不如現在被大眾接受，我想那位同學應該是「哈韓族」先驅吧！

基於心中莫名的小宇宙，無謂理由，我倆將對方視為敵人、互不往來！什麼「衝衝哈迷達」？（模擬韓文發音）完全聽不懂！絕對不想跟韓國扯上任何關係！也在心中種下了「反韓」因子。

大學我如願考上日文系，雖然從小看了很多日劇，但正式學習日文，是從這時候才開始，也是第一次接觸到真正的「日本人」。以往都只能看螢幕中出現的阿本仔，現在課堂上就可見到「本物」（日文：真人）。大二時，透過家人及打工所認識的日本人協助，開啟了暑假為期一個月的自助旅行。

踏上日本這塊圓夢之地

20 歲那年，帶著一本封面寫著「東京」兩大字的旅遊書，從第一頁到最後一頁，走遍了書中介紹的所有景點。除了朝思暮想的「109 百貨」外，還包括以往出現在日劇中的拍攝場景，真真實實地呈現眼前。

這次旅行經驗，不但沒有消減我對日本的熱情，更加深「想住在日本」的夢想。曾經幫助過我的日本社長知道我是個非常喜歡日本的女孩，比一般人幸運一點，大學畢業後我奮不顧身拎著一只行李箱和五月天 CD，隻身前往日本就職了。以前只能從電視上看的國家，現在，我也踏上這塊土地，成為「Nippon」一份子了！

雖然免除找工作、面試的艱辛過程，但到了日本後，並不是「圓夢以後，從此過著幸福快樂的日子」！開始日本職場生涯後，發覺以往在學校裡所學的日文，不太能實際運用在工作上，一切都得砍掉重練外，嚴苛的日本職場，即便知道妳是外國人，也一視同仁將妳當作日本人用。除了需解決語言隔閡，還得了解日本人的生活、想法、習性、民族性，才有辦法與他們共事。

很多個夜晚，我也曾躲在棉被裡哭泣，打算隔天打包行李撤回家鄉。但支撐我留下來的，始終是那個最初想在日本生活的夢想和台灣人不服輸的傲骨。

就這樣，經過了幾年，工作越來越上手，開始被稱讚「日文講很好」、「怎麼比日本人還日本人？」也漸漸被這個國家給同化了！原本以為會這樣一輩子待在日本，但人算不如天算，我竟然從日本 OL 變成了韓國不良主婦！

因交換泡麵扭轉的人生

和故事男主角 —— 美男，是在一次外派中國的工作中相遇，那是一個中台日韓合作案。在我的人生辭典裡，從未出現過「韓國」兩個字，但卻被一碗「辛拉麵」給徹底顛覆了！

同樣都是第一次到訪中國的我們，害怕不習慣當地飲食，便帶了自己國家的泡麵。一種在民間進行的小小國民外交 —— 我們交換了各自帶來的泡麵以示友好。一個對韓國完全沒興趣的人，辛拉麵就像是把鑰匙，開啟了我通往韓國的大門；而一個只在電視上聽過「台灣」的人，也因為一碗來一客泡麵而變成了台灣女婿。

人生就是這麼奇妙啊！總會發生一些意想不到的插曲。

一個不會韓文、一個不會中文，這樣也可以當情侶！？聽過我們故事的朋友，總覺得不可思議，沒有共同語言的兩人到底如何談戀愛？剛開始我們只能用簡單的英文，搭配電腦的翻譯軟體來了解對方。

那畫面大概是這樣：

「聽說韓國男生會打女生，是真的嗎？」我將這句話用日文打在翻譯軟體裡，然後翻成韓文 Show 給美男看。

「No、No、No ！」揮手加搖頭，美男使勁地用肢體語言表達，並開始在自己的電腦裡輸入韓文「現在時代已經不同了！」按下「翻譯」鍵。

除此之外，還需克服兩人住在不同國家的「遠距離戀愛」問題。一般情侶可能騎個摩托車就可以相約見面，但我們得搭飛機才能。幾年下來，好不容易確認彼此心意、修成正果，隨著婚姻我從日本搬到韓國，一個全新、未知的國家。

對韓國生活感到不安的我，在網路上試圖搜尋關於「韓國」的知識，發現在 2014 年時，台灣對韓國生活層面的介紹並不多，且

似乎還停留在「大男人主義」、「韓國人會打老婆」這些比較古早的觀念。因此,我開始在網路上分享日常生活點滴以及來到韓國後所感受到與台灣、日本之文化差異,也許無法代表全部人的想法,至少提及的內容都是自己的親身經歷,希望能幫助到一些和我一樣對韓國感到好奇的朋友。

長期在海外生活,使用中文的頻率不高,平常只能以直白的文字敘述和表達。原本不擅長寫文章、從未想過能出書的我,竟然有幸受邀寫下所見所聞與大家分享,將自己長年闖蕩海外的閱歷回饋母國;原本在日本生活穩定,對於韓國極度厭惡的我,現在竟然變成了韓國人妻,甚至還在介紹韓國生活及文化。真的很想告訴讀者們:「做人千萬不能鐵齒啊!」連不會韓文、不會寫作的我,都可以走到這步,相信只要努力不懈、堅持下去,一定可以克服萬難!

與韓籍丈夫結婚這件事,在朋友圈裡成為大家的笑柄,那個曾經那麼愛日本、恨韓國的 NANA,竟然嫁給了韓國人!我也只好摸摸鼻子,任由大家消遣了╮(╯▽╰)╭。命運很捉弄人,那位「哈韓先驅」女同學,後來進了日商公司,我們成了互相與對方討教語言的關係。

如果要用一句話來介紹自己,我會說:「Hi!我是台灣身、日本魂、韓國不良主婦。」

歡迎進入我的故事。

安妞！

歪國小媳婦的
韓文學習路

喂！韓國人，
你到底叫什麼名字？

　　飯店大廳門口來了一輛廂型小巴，車門打開，還沒看到車上的人就先看到了一個瓦楞紙箱，上面寫了很大的「辛」字。

　　「辛拉麵」＝韓國人，我心中的刻板印象。

　　果然不出所料，這些像颱風天準備儲糧，帶著整箱辛拉麵及許多大包裝海苔、微波白飯、鮪魚罐頭到異地出差的人們，就是接下來要一起工作的韓國成員。

　　生平第一次與韓國人的近距離接觸，從這一刻正式啟航。

初次見面就問年紀

　　「NANA，妳幾歲？」哇，怎麼這麼失禮？竟然單刀直入問一個正值青春年華少女的年紀，沒聽過一句話叫做「女人的年齡是秘密」嗎！？當時對韓國文化一點都不了解的我，真心覺得「怎麼這麼沒禮貌？」我跟你又不熟，幹嘛要把自己的隱私告訴你？

　　其中一位較年長的韓國成員，看我有點為難不想回答的樣子，馬上解釋：「在韓國，**一開始要問年紀是為了『判斷長幼順序』，依照對方年紀大小，講話所用的詞語及稱呼也會跟著不同。**」

啊，原來如此！大概就跟日文裡的「敬語」是相同概念吧！與其說他們失禮，還不如說是為了遵守禮儀才有的表現呢！

韓國綜藝節目很盛行真人實境拍攝，所謂「實境」指的是節目開拍前沒有太著墨腳本，也不會事先進行彩排，完整記錄演出者當下的反應，讓觀眾能看到明星最真實的面貌。在新節目開播時，一群可能初次見面的來賓們，一開口就是「幾年生的？」、「來整理一下關係」，等確認好彼此輩分後，任督二脈就打通啦！

怎麼稱呼大有學問

就算對韓國一點都不熟悉，也會聽過一個詞叫「歐爸」（오빠），原本定義是指有血緣關係的妹妹對哥哥之稱呼，後來被廣泛運用在女性稱呼比自己年長的男性，意即雖然不是親生兄妹，但希望能像親生兄妹般親近。

不過也不是所有比自己年紀大的人都能通稱「歐爸」喔！還是會按照與對方的親密度來決定。如果搭公車，對素未謀面但看起

1 人氣韓劇中「歐爸」家擺設，吸引國內外粉絲到場朝聖。2 韓國人海外出差時的精神糧食──辛拉麵。

來比自己年長的司機叫「歐爸」的話，那司機大哥絕對會一臉疑惑：「你在說什麼呀？」

其他像是男性稱比自己年長的男性為「兄」（형）、女性稱比自己年長的女性為「翁妮」（언니）、男性稱比自己年長的女性為「努娜」（누나），這些都是依照年齡來判定的稱謂語。年紀比自己小的人，通常就是直接叫名字，比方說若讀者您年紀比我大，可以直接叫我 NANA，更親切一點的叫法，可以在後面加個「呀」（야）或「啊」（아），「NANA 呀！」這樣比較有長輩疼愛晚輩的感覺！[註1]

職場上，因為是商業場合，能多禮貌就盡可能禮貌，大多會在對方名字後方加上「氏」（씨）或是「大人」（님），以日文來比喻就是「〇〇桑」（さん）及更尊敬一點的「〇〇樣」（さま）。對於客戶或自己上司，建議用「大人」（님）或者以對方的職位來稱呼，例如：「〇〇社長」（사장）、「〇〇社長大人」（사장님）比較恰當；若是同公司要稱呼比自己年長的同事，也可用「前輩」（선배）一詞來替代。

對於沒有這種尊敬語文化的我們，很常犯下一個錯誤就是：稱呼自己時也不自覺加上了尊稱，比如說我叫自己「NANA 桑」、「NANA 氏」，這樣在日韓人耳裡聽起來就會有那麼一點「怪怪滴」啦！

大家也許很常看到「阿糾西」（아저씨）跟「阿珠罵」（아줌마）這兩個稱呼，通常用來形容「外表」看起來中年、已婚的大叔及大嬸。「阿糾西」比較能被泛用在公共場合中，對於不認識的人，

像是公車司機或想找人問路時，就可以喊對方一聲：「阿糾西，請問……」，不過「阿珠罵」就不要亂用比較保險！如同日文裡的「歐巴桑」（おばさん），「阿珠罵」存有些微貶意。

相較於男性，女性在乎自己年齡的人居多，而且現在有些女性到了 40 幾歲也還未婚，被陌生人叫「阿珠罵」心裡會有點不是滋味。若在餐廳、超市想拜託裡面的女性工作人員幫忙時，用「這裡……」（여기요……）或是直接將需求告訴對方，這種避開對方名稱的方法會比較委婉一點。

基於「阿珠罵」的定義：「只要已婚女性都可以叫她阿珠罵！」是的，也可以用「阿珠罵」來叫我，雖然我很不願意就是了 T＿T

年紀比妳小，幹嘛叫我翁妮啊！？

課堂上，老師要我們聊聊來韓國後所感受到的文化差異，有幾位同學提到一點：「在韓國的店家，店員都很愛翁妮、翁妮的叫，超不習慣的！」

的確，在還沒定居韓國、只來觀光時，對於美妝店員拉客：「翁妮～進來看看嘛～」非常敏感！想說她看起來明明年紀比我大，竟然叫我「翁妮」！？

其實這也是固有習慣之一，覺得四海皆兄弟、姊妹，這樣叫比較有親近感、能快速打開對方心房、縮短人與人之間的距離，然後鈔票也跟著一張一張掏出來！？（誤）反之，如果想請女店員幫忙拿同款衣服的其他顏色時，也可友善稱呼她一聲「翁妮」，

對方就會比較樂意協助。這時，在店裡就會看到店員與客人彼此互稱翁妮的有趣畫面，到底誰才是翁妮呀？（喂！）

還有一個很絕妙的詞叫做**「姨母」**（이모），在食堂裡有機會聽到這個稱呼。它原本是指親生媽媽的姊妹「阿姨」，現今則被擴大運用，因為除了親生媽媽之外，跟孩子最親近的就是阿姨了！把食堂阿姨視為自己的第二母親，除了親切外，食堂阿姨也會把客人當成自己孩子照料，量多給一點！此外，像婆婆會要我們稱呼她的麻吉「阿姨」，雖然只是婆婆的朋友，但因為她們感情很好，希望晚輩能把她當作真正的阿姨來看待。（疑？這點在台灣好像也是這樣喔！？）

有個現象很奇妙，不知道是不是因為食堂裡的員工多為女性，**「姨母」一詞可以被廣義使用，但在外面就很少聽到有人隨便叫「叔叔」（삼촌）了，還是多以阿糾西、社長大人來代替。**^{（註2）}

歐爸這個詞，千萬別亂用！

韓流來襲，媒體已塑造出好像所有韓國男子都等於「歐爸」的形象，只要有韓星的新聞，就會在報章雜誌或電視上看到「池昌旭歐爸來台會粉絲」、「金秀賢歐爸確定入伍」……這類字眼。

我有一位男性友人M君，曾經因為這樣發生了一段爆笑小插曲。

有一次M君公司的韓國分社長到台灣開會，晚宴上M君為展現熱情，平常在韓劇裡看到對男生都稱作「歐爸」，想說這樣比較親切，因此高興地喊了分社長一聲：「歐爸～～～～～～～」

幸好當時大家黃湯下肚，歐爸本人沒很在意，但台灣分社長卻在旁邊替他捏了把冷汗。

餐會結束後，M君困惑地在社交軟體上寫下一段類似「叫韓國人歐爸難道有什麼問題嗎@@？」這樣的留言，看到這段話，我心想，還好當時氣氛熱絡，要不我這位親辜（韓文：朋友音譯）可能就會被誤以為是同性戀了吧 >//////< 雖然這年代同性戀並不是什麼問題，但若對方不是，可就非常尷尬了！這例子告訴我們，「歐爸」這兩個字真的不要隨便亂用！哈哈！

首先，要記住**「歐爸」這個詞 99.9% 是女性專利，剩下那 0.1% 真的是例外中的例外，而且通常都用在跟自己關係不錯的男性友人身上。當然，除了男朋友之外，和自己比較熟的男性也可以這樣稱呼。**至於是不是非得用在比自己年長的男性身上，我個人是覺得不用如此嚴謹。在機場外守候韓國男明星出現的女粉絲們，本尊一出現不是也很激動大喊：「歐爸～～～！！！！！」這些女粉絲的年紀也未必比男明星來得小啊！

韓國男性對於「歐爸」這兩個字有莫名愛好，在韓劇裡也可看到即將成為戀人的兩人，男生跟女生說：「叫一聲歐爸來聽看看！」女生叫了之後，男生就會特別開心。**「歐爸」這兩個字，彷彿是魔法的語言，叫一聲歐爸，不 OK 的事瞬間就萬事 OK 了！**

原本想說「韓國男生為什麼這麼喜歡聽到女生叫自己『歐爸』呢？」這問題只有身為正港歐爸的美男可以回答，沒想到他說他個人不是很在意，問了其他同樣身為韓國歐爸的美男同事們，意外地不在乎的人也挺多呢！有部分同事則是說聽起來覺得有被尊

重的感覺、聽起來心情很好、覺得女生在撒嬌很可愛……等。現實生活中，也許不一定每個韓國男人都很在意自己一定要被叫「歐爸」喔！

當戀愛中的兩人步入婚姻後，「歐爸」這個稱呼可能就變得不是那麼恰當了。韓文課裡，有些同學還是會稱自己的老公為「歐爸」，老師總會糾正說：「結婚後不能再叫歐爸了！」老師認為，**兩個人已結為夫妻，應該要換成類似中文的「老公」、「老婆」(여보) 或者「親愛的」(당신) 這種稱呼** (註3)。也有些人認為「歐爸」明明是在叫與自己有血緣關係的哥哥，在交往過程中希望和男友成為如同親生兄妹般的親密關係，但結婚後兩人已是夫妻關係，再叫「歐爸」有點不太恰當。有些夫妻可能婚後還是繼續沿用交往時對彼此的稱呼，只要雙方都習慣，其實也不是什麼大問題啦！

小孩出生後自己名字就沒了？

接著，成為夫妻的兩人，可能有了愛的結晶，此時外人對自己的稱呼，會從原本的名字變成**「小孩名＋爸爸」或「小孩名＋媽媽」，而且都是以第一個出生的孩子名來決定。**

韓劇《請回答1988》裡，女主角德善一家共三個小孩，最大的是姐姐，名叫寶拉，再來是二女兒德善，最小的是兒子餘暉，雙門洞鄰居們稱呼德善的爸媽總是「寶拉爸爸」、「寶拉媽媽」而不會叫「德善爸爸」、「德善媽媽」，這也是個很特殊的現象，據說是從以前就一直流傳下來的習慣。

不過其實也不全然都這樣喔！還是會按照場合有不同的稱呼。比如說若是家族相關者、平常較熟悉的鄰里們，就會以上述稱法來叫「長子／長女的爸」、「長子／長女的媽」。如果媽媽自己跟朋友出去玩時，朋友間大多還是會稱呼媽媽本名。

如果「寶拉媽媽」到德善學校去，「寶拉媽媽」就會變成「德善媽媽」；到餘暉學校去時，則變成「餘暉媽媽」，這點在台灣學校似乎也是這樣。反觀日本則是只有孩子的學校相關者，像是老師、媽媽朋友（ママ友）間才會用「小孩名＋媽媽」來稱呼，在家族裡大家還是會叫自己本名。不然可能會造成一個誤解，難道第二個以後出生的小孩就得不到父母的愛了嗎？

為什麼會有這種用孩子名來取代自己名字的現象？**有一說法是以前夫婦在外人或長輩面前害羞，不敢用「老公」、「老婆」、「親愛的」這種聽起來比較肉麻的字眼來稱呼彼此**，所以只要孩子一出生，就以「孩子的爸」、「孩子的媽」來互稱。也有**另一種說法是這種現象反映出了以家族為中心的共同意識**，也表示比起自己，更加重視孩子。

男性因為婚後大多還活躍在社會上，大部分時間還是使用自己本名；女性因為婚後步入家庭的人居多，要聽到別人叫自己本名的機會就越來越少了。

是不是聽起來好像很複雜？**在韓國，一個人因為年紀、場合對應的稱呼會有所不同。**對於外國人來說，要正確使用這些稱呼語也許有些難度，不過把它當成是學習異國文化、語言的一部分，其實也挺有趣的不是嗎？

Special Column

來挑戰進階版看看吧！
台日韓職場電話用語差異

曾經看過一篇由日本人撰寫的有關日韓文化差異的文章，作者提到「職場電話用語」的差別，也是筆者我剛進日本職場時，感到相當不解的一件事。

某天，客戶打電話到公司來，話筒另一端：「請問南宮珉部長在嗎？」

台灣式回答：「『南宮部長』現在外出中喔～」

日本式回答：「『南宮』現在外出中喔～」

當時還是菜鳥的我覺得很不可思議，想說對自己上司怎麼能只稱呼他的姓呢？至少也要加個「桑」吧！這樣不會很沒禮貌嗎？

以日本人的思維來說，南宮是上司沒錯，但對於客戶（外人）來說，你們畢竟還是「同公司」的人，在日文裡稱作「身內」（みうち），是站在客戶立場來看這件事。

But！韓國式回答：「『南宮部長大人』現在外出中喔～」

韓國的話，除了要加部長外，正式一點的後面還會再多加一個「大人」尊稱，就是不管在公司內部還是客戶面前，部長大人這個職位還是很崇高的。可見韓國對於尊敬長輩的這種制度，執行得比日本、台灣都還要徹底。

不過請注意，在日本如果像韓國一樣叫對方「南宮部長桑」，有時是帶有種嘲諷意味，並不是敬語加越長就表示越尊敬。至於那種只回答：「不在！」就掛上電話的，Sorry，就不在本篇的討論範圍喔 XDD

註1：在名字後面加「아」或「야」表示親切的稱呼用法，是依照韓文姓名最後一個字有無終聲（받침）來決定：有終聲加「아」，沒有終聲則加「야」。

註2：文化課嚴老師認為，「叔叔」的韓文是由「三寸」而來，如同中文所說的「三等親」，親密度已經沒有那麼高，因此這個稱呼沒有流通在大眾社會上。不過據說在濟州島有個特殊習慣，不論是男性或女性，都會以「叔叔」來稱呼對方。

註3：韓文裡「여보」這個稱呼，有種說法是「如寶」的漢字，不管是老公或老婆，彼此把對方當成寶貝一樣對待。「당신」的漢字則寫成「當身」，意指把另一半的身體當作是自己的一樣，視對方如同自己人生的全部，是很重要的存在。（此說法非正式官方說法，僅供參考！）

外籍新娘
的韓文之路

很多人認為，有日文底子再學韓文，會比較容易上手，每當聽到這樣的話，都會默默在心中吶喊：「才不是這樣勒！」韓文跟日文雖然句子組成順序一樣，但文法變化及發音還是有很大的區別。

記得第一次去參加韓文分班考試，連自己名字的韓文版都是上場前臨時抱佛腳，硬記住是圓圈還是直線，更不用說要看懂考題內容了！

「啊～是『王初步』啊！」監考老師聽完我的狀況後說了這句話，整間教室的人都笑了！於是我登場不到 3 分鐘寫上大名交了白卷，快閃退場。

韓文超級初學者

來韓國之前，雖然有透過網路頻道、買教材自學，但因為平常工作忙碌，韓文程度依舊停留在基礎 40 音及簡單定番語句：「您好！」、「請算便宜一點！」這種旅遊時會用到的句子（←很實用吧 XD）。

正式離開日本職場後，一開始打算先來韓國學語言順便適應這

1、2 貼在車尾的新手上路標語：「初步運轉（駕駛）」。

裡的環境，也就是所謂的「試婚」吧！那時為了找學校，還特地飛一趟過來「事前勘察」，到了離美男工作地方最近的一所大學語學堂，無奈可能因為非首爾、釜山這兩大城市，台灣學生人數不多，並沒有受到學校很大重視，連最基本的學生簽證都無法發給。雖說台灣民眾拿觀光簽證也可以免簽在韓國待 90 天，期限到了只要再出國一次又可再次延長，但畢竟目的是為了學語言，我並不是很欣賞用觀光簽證來代替學生簽證這種投機取巧的作法，於是打消了這個念頭。

　　和家人商討過後，決定走向「婚姻」這條路，申請結婚簽證，一整個被美男賺到了！哈！拿婚姻簽證又是另一段心路歷程，在

這邊先將焦點著重在「學習韓文」上吧！「王初步」（왕초보）就是「超級初學者」的意思，台灣新手駕駛有些會在車尾貼「新手上路」標語，在韓國就是使用「初步」這個單字，而「王」代表「王者」，初學者裡最天兵的那一位！剛搬來韓國時我的韓文就是這種狀態，對於路上招牌是有看沒有懂，去買東西被店員問話也是一臉問號：「哩到底勒公啥咪勒？」（台語：你到底在說什麼呢？）

在韓國免費的學韓文管道

有件事必須坦白說，韓國政府相較於日本，給長期居留的外籍人士們提供了相當不錯的資源，對於因婚姻來到這裡的外籍配偶更是提供多樣化福利，像免費學語言就是其中一項。

定居韓國後，我都**利用《多元文化家庭支援中心》**[註1]**所開設的韓語課程學習韓文**。這個機構是為了協助住在韓國的外籍家庭能在此安穩定居，對象除了跟我一樣嫁給韓國人的外籍配偶外，若夫妻雙方都是外國人，因為工作、移民……等因素在韓國居住，也都可以利用。服務內容有讓異國家庭理解韓國文化、社會的「社會適應教育」，教大家平時能做幾道韓國味讓家人品嚐的「韓國料理課」，也有一些針對外籍子女的「語言發展」、「父母教育」支援，促進兩性關係的「夫妻教育」、「家庭教育」，還有幫助外籍配偶能夠在韓國就業的各種「職業培訓」、「才藝課程」。懷孕中、不方便外出的人，中心也能安排「到府教學」服務。這些課程大部分不用另外付費，若要收費也會比自行到坊間上課來

得實惠許多。《多元文化家庭支援中心》裡也有多國語言職員，若在韓國遇到「家庭暴力」、「人權」、「職場」、「滯留」這類在韓生活問題時，也都可以向他們求助、諮詢。

「王初步」順理成章被分配到再初級不過的幼幼班，從如同外星符號的 40 音開始學起。韓文聽不懂也看不懂的我，很擔心韓籍老師上課到底有沒有辦法吸收？事後證明是我多慮了！全程是用韓文教學沒錯，但老師也知道大多數學生都是初學者，也會想辦法用「肢體語言」表現到讓學生們都明白意思。只是有時候還是會發生老師說：「這是回家作業喔！」下次上課時仍有幾個同學沒寫，因為他們沒聽懂「這是回家作業」的韓文（笑）。

即使是免費課程，師資也沒有因此馬虎，大部分老師還是會認真教學。雖說這種針對「外籍配偶」所上的課程跟大學語學堂那種為了「升學目的」所進行的教學方式有差別，但一來完全免費，二來對於要帶小孩的媽媽們來說，語學堂的課程反而太過緊湊。

《多元文化家庭支援中心》是專門給外籍家庭利用的機構，還有另一個由法務部開設的《社會統合課程》[註2]**，是針對在韓國長期居留的外籍勞動者、留學生……一些想歸化為韓國國籍的外國人。**在申請國籍時若有上過此課程，可以加分或免除部分考試內容。不過也不一定是想要取得韓國國籍的人才能上，像拿打工度假簽證的朋友，這也是個很棒的免費學習韓文管道，除了韓文教學外，目前《社會統合課程》第五階段是「韓國社會理解」課程，會從文化、經濟、政治、法律、歷史、地理等多層面探討，也算是一個認識韓國社會的好方法。特別需要注意的是，《社會

1、2 韓文班裡一起上課的混血寶寶。

統合課程》較重視出缺勤，出席率未達一定比例（約 80%）的參加者就無法晉級到下一階段課程，遲到或早退也會據實記錄。詳細申請辦法及資格，都可以透過官方網站查詢。

一起上課的小小同學們

幼幼班課程開始時，最讓我驚訝的不是同學們來自世界各國，而是竟然有人抱著小北鼻、帶著小孩一起來上課！從小在台灣教育環境長大的我，第一次見到這樣的光景，真是大開眼界！因為是初級課程，同學們大多剛來韓國不久，對環境不是很熟悉，有些人還由老公、婆婆陪著一起來，能想像一邊上課、抱著小孩，座位後方還有婆婆盯著看的那種滋味嗎？總之，在這裡什麼樣的

場面都有可能發生，久而久之就見怪不怪了。

小小同學們有時是妨礙上課的小惡魔，有時則化身為療癒阿姨心靈的小天使。當他們胡鬧時，高分貝哭聲不用說想聽清楚老師講課，大家輪流哄小孩就已經手忙腳亂，連老師都一起加入「超級保母」行列，整間教室瞬間成了「托兒所」；而個性溫和一點的孩子，不但上課會自己安靜玩耍，有時老師要大家唸單字時，孩子們也會下意識地一起跟著唸：「兔～子～」然後全班就會不約而同笑了，真可愛！

小孩的學習速度總是比大人快，聽說不用多久就會變成孩子對媽媽說：「妳們怎麼才學到這裡？」、「這很簡單呀！妳怎麼不會？」甚至還可以幫媽媽代打寫作業 XD

給外籍新娘的衷心建議

剛抵達韓國時因為語言不通的關係，綁手綁腳很多事情做不了，想去公家機關辦事也要先生陪同，生病想去看醫生又不知道怎麼用韓文形容症狀，連最簡單的坐公車外出都得事先查好單字、練習，才有辦法自行出門。因此，「努力把韓文學好」成為了來韓國後最急迫的一件事。雖然不會韓文也可以在這裡生活得很好，更看過很多例子是嫁到韓國沒多久就懷孕因此中斷語言學習的，等再次回來上課，可能至少要孩子 4、5 歲時了。有些人會在小孩周歲左右就回來上課，但老實說帶太小的小朋友一起來，心思大多還是放在照顧孩子上，沒辦法專注學習，與其說是來上課，還不如說是出門透透氣、交朋友。

幼幼班有一位同學，她當時來韓國 7 年了，韓文說得很好，但為什麼還跟我一樣被分到幼幼班呢？因為她「會說卻不會寫」。有幾次陪她一同到幼稚園接女兒下課，她有辦法跟學校老師自然對話、打招呼，但問題是沒辦法寫家庭聯絡簿、督導女兒作業，這些都由她的老公來執行。老公白天要上班，下班回來還要處理孩子學校的事，其實有點吃力。

　　身邊認識的台灣人妻們，有些比較聰明，在要來韓國生活前或多或少上過一些正規韓語課程，雖然無法到很流暢，但日常生活還不至於困擾。我想新一代女性們，還是會希望自己有獨立辦事的能力，而不是做什麼事都一定要和老公綁在一起。

　　學習韓文的方法有很多，如今資訊發達，網路上有很多免費資源可運用，坊間學習韓文的書籍也琳瑯滿目，但如果可以的話，還是尋求老師幫助比較好，有人可以指正錯誤、補充課外知識，會比在家自學來得豐富。若是在韓國，這裡也有很多學習韓文的管道，從私人補習班、大學語學堂到各種公、私立機關開設的免費課程，根據這幾年的經驗，大學附屬的語學堂教學內容似乎還是比較紮實，如果可以，先認真學個一、兩年，對自己異鄉生活、孩子未來都有莫大幫助，可以按照家庭的經濟、各方面情況來選擇學習語言的方式。

　　也許有點過於嘮叨，在這看過太多形形色色、不同的故事了。當選擇走入異國婚姻，會遇到比一般同國籍夫妻更艱辛的課題，女孩們，一起加油吧！

1 韓國料理教室。2 免費韓文課上課時的模樣。3 輔助在韓外籍新娘就業的職場妝容特別講座。

註1：《多元文化家庭支援中心》官網：https://www.liveinkorea.kr/（支援多國語言）

註2：《社會統合課程》（Korea Immigration and Integration Program，又簡稱 KIIP）網址為：http://www.socinet.go.kr/

Chapter
2

韓國人
原來這樣吃！

烤肉這件事，
絕對馬虎不得！

「妳知道，韓國烤肉不是都喜歡用生菜包夾著吃嗎？其實肉跟配菜是要放在葉片背面，包起來後放入口中，葉片正面和舌尖碰觸，這樣才能吃出生菜真正口感喔！」剛從韓國出差回來的同事跟我分享。客戶帶他們去吃烤肉時，說這樣才是正宗烤肉吃法。

「紅豆泥（中文：真的嗎）！？」我驚訝回答，韓國人對烤肉的吃法未免也太講究了吧！！！

🍳 一家店只賣一種肉

因為韓國距離台灣不遠，即使長期定居國外，也常有朋友來找我們玩。說到代表韓國最有名的食物，我想「烤肉」一定會被列在必吃排行榜 Top10 當中吧！

有一次，一對大學同學情侶檔來找我和美男，我們約在弘大某間燒烤店裡。同學們難得來玩，不想錯過任何一道美食，在點菜時，豬的三層肉也想點一份，牛的肋骨也想點一份，接著豬皮也想來一份！

此時美男面有難色地跟我說：「同時點豬肉跟牛肉這樣要怎麼

不同部位的牛肉，有著不同的料理方式。

吃！？」我心想：「嗯？不就這麼吃嗎？不然要怎麼吃？」腦中浮現許多疑問。

他說，**韓國人通常吃烤肉時，都只點同一種動物**，比如說：今天約好要吃豬的烤肉，就清一色吃豬肉；若說好要吃牛的，那麼那餐就通通吃牛的烤肉。會按照想吃的部位來點不一樣的內容，例如：三層肉、梅花肉、豬頸肉……但全部都是從「豬」身上取下來的，不然不同肉種混在一起味道會很奇怪。

仔細觀察了一下，韓國烤肉店還真的大多是「X肉專賣店」，烤雞排的店只賣雞肉，若要吃牛肉，就得去牛烤肉專賣店！跟台灣在同一家店可以吃到豬肉、牛肉、雞肉、鴨肉、甚至海鮮類的習慣很不一樣。

將這個疑惑詢問了一些韓國朋友，他們一出生就習慣這種方式，並不覺得一次只能吃到一種動物的肉很無趣或是很奇怪，於是去造訪了一家我們常去的三層肉烤肉店，請教老闆為什麼只賣單種動物？還有些店家根本只有賣單一個部位的肉？

烤肉店鄭老闆說，他也曾試著在 Menu 上放入牛肉，不過客人怎樣都不會點；在韓國由於個人出來創業開飲食店的比例很高，**若店內販賣的肉種類多，進貨成本及管理費用都會跟著增加，將主力集中在自己擅長的料理或幾道熱門品項反而可以降低風險。因此其實不光只有烤肉店，在韓國許多的飲食店，大多以「專賣店」（전문점）形式存在。**

觀光客較多的地區，由於客人種類多元，或者有些烤肉店可能本身就是家精肉店，平時有零售肉品，才比較有機會遇到一間店同時賣不同種動物肉，或是販賣部位較多樣化的情形。

 情有獨鍾，三層肉！

在日本時，燒肉店給我的印象大多是以牛肉為主、肉切成小小一塊，有些店家擺盤時還會用個小木牌標明各部位名稱，看起來很高檔，要慶祝什麼事、約會、談生意時才比較會利用燒肉店；但來到韓國後，滿街烤肉店，可能三五好友約一約：「走吧！我們來去喝酒！」一行人就這樣走入烤肉店了。下班後或假日用餐時段的烤肉店，時常高朋滿座，工作了整天疲倦的上班族，解開領帶、一邊咬著肉一邊配著酒和同事吐苦水，就算只是路過看到

這樣熱鬧的氛圍，也別有一番樂趣！

可能是因為韓國人實在太愛吃烤肉，比起貴桑桑的牛肉，「豬肉」相較之下就經濟實惠多了！從肉的份量也可看出韓國人豪爽的個性，呈上來的肉片又大又厚，吃起來粉過癮！經濟合作暨發展組織（Organisation for Economic Co-operation and Development，簡稱 OECD）曾經發表過以 2014 年為基準，**韓國人每人平均一年要吃掉 51.3 公斤的肉類，其中豬肉就佔了將近一半：24.3 公斤**，其次是雞肉 15.4 公斤及牛肉 11.6 公斤。在豬肉當中，又以三層肉為人氣 No.1 呀！

2000 年代初期，豬肉受口蹄疫影響導致銷量大減，豬農們為了使國民再度對本土豬肉產生信心，由京畿道坡州市政府與坡州畜產業協同組合率先提倡，將 2003 年 3 月 3 日這天**命名為「三層肉 Day」**。數字「3」重疊在一起，就好比三層肉交疊一樣，從此每年 3 月 3 日這天，店家就會針對三層肉做價格促銷，整天下來所販賣的總數量，會比平時多上好幾倍。

1 知名觀光景點才比較容易見到肉種多元的烤肉店。2 豬烤肉多以鐵烤盤＋瓦斯方式烹調。

所謂三層肉（삼겹살），指的就是豬肚子附近、脂肪較多之部位，在台灣我們熟悉的稱呼為「五花肉」、「肥肉」。不過在韓國除了有三層肉之外，還有另一個很相像的叫做五層肉（오겹살），差別就在三層肉的部位再往外的豬皮部分，以及內部接近骨頭部分的肉各切一層，三層再多加兩層，就變成「五層肉」啦！五層肉和三層肉最大的差別，就是可以同時吃到豬皮有嚼勁的口感。

　　有些人可能會覺得奇怪，「肥肉」對大部分人來說是個敬而遠之的部位，歐美還把它拿來做培根，為什麼韓國人會壓倒性愛它呢！？愛到甚至國內生產量吃不夠，還得向國外進口。有一說是因為韓國氣候較寒冷，需要吃高熱量的東西來禦寒；也有些人覺得因為三層肉的油脂配上燒酒，通過喉嚨那種口感很ㄕㄨㄚˋ嘴（台語：爽口）啦！

韓國烤肉怎麼吃最道地？

　　「牛肉，上店裡吃太貴，買回家烤就好！豬肉因為在家烤會油沫四濺，還是來店裡吃吧！」鄭老闆這番話雖然寫實，不過平常在家裡烤肉的家庭也大有人在喔！

　　超市裡，各種新鮮葉片從一般蔬菜到有機栽培任君挑選，除了生菜葉片外，青辣椒、大蒜、沾醬、泡菜、杏鮑菇、蔥絲拌菜、白蘿蔔切片……這些烤肉時不可或缺的配角們，都可以輕易取得。準備完配菜，再到精肉店購入生肉，「烤肉Party」就這樣開始了！烤肉用的鐵盤也有許多不同設計，有造型斜一邊好讓油可

1 超市裡包夾烤肉用的新鮮生菜區。2 賣場裡的各式烤肉專用烤盤。

以從專用排油槽滴落款、也有周圍做成凹槽可以順便蒸蛋款,高級一點的還有紅外線光照使食材更鮮美、內建吸煙風扇讓屋內不會油煙瀰漫⋯⋯五花八門各種設計過的烤肉道具一應俱全!

　要烤出一份可口豬烤肉的秘訣,首先鐵板溫度要夠熱!有些店家甚至會拿溫度計測量,在鐵板接近200℃左右時才把肉放下去。在家烤無法測溫時,也可將手掌放在鐵板上方15公分處,約6～

7 秒後會感到「Oops，好熱！」的時候，就差不多是可以放肉下去烤的時機了。

翻面次數，為了留住美味的精華 ——「肉汁」，建議翻 2 ～ 3 次即可。肉放下去後，表面若開始滲出血水，就可以把它翻至背面，等背面也烤得差不多，若還是覺得沒熟透，可以再翻一次面，接下來大刺刺拿剪刀把它們剪成合適大小。剪好後，再稍微烤一下，就可以夾著各式配菜或沾醬一起吃囉！這時候，請不要扭扭捏捏，豪邁地把它一口放進嘴裡吧！

關於肉要剪大剪小，也是很有學問的喔！網民們表示，若是自己要吃，喜歡剪大塊一點，大概是 2.5 公分大小；若和上司或心儀對象出去吃飯時，就會把它剪成大概 1.5 公分，小塊一點一來看起來秀氣，二來也較能對應不同喜好的人，覺得太小的人再多

夾幾塊就可以了！不過這也不是絕對值，可按照肉片的厚度做調整，厚一點的肉剪小塊一點，要不然咬久了下巴會痛；薄一點的則可以剪大塊一點，吃起來比較有在吃烤肉的感覺。

至於牛烤肉，則是以「갈비」：牛肋骨及其附近的肉最受歡迎。在韓國講到「갈비」，大多是肉連著肋骨的骨頭一起送上來；若寫「갈비살」，則表示已經把骨頭去掉，只有

與生菜一起夾著吃的韓國烤肉，看起來是不是粉可口？

肉的部分。按照料理方式可分為「생」（未經加工或冷凍處理，新鮮的生肉）、「양념」（以特製醬料醃製），這兩種是在 Menu 上比較常出現的。

和牛烤肉不同的是，豬肉因為烤的過程中會噴出大量油沫，若以鐵網＋炭火方式烤，油滴到炭上，火勢瞬間加大，除了危險外，肉汁流失、也提高了肉烤焦的機率，所以大多以鐵盤＋瓦斯方式讓油有地方承接。牛烤肉因為油脂沒像豬肉那麼多，比較不用擔心火勢會突然變大，因此牛烤肉大多採用鐵網＋炭火，會有一根從天花板降下來的排風管吸煙，或是無煙燒烤桌方式，讓油煙從桌面下方排出。

此外，牛烤肉不需要像豬肉一樣烤得那麼熟脆，翻面次數建議一次就可以了。邊烤邊注意肉的樣子，中間還帶有微生狀態，吃起來軟嫩軟嫩的……看到這裡是不是口水都快流下來了？>//////<

1 牛烤肉以鐵網＋炭火方式居多。2 韓國烤肉會和許多配菜、沾醬一起搭配享用。3 烤肉店老闆說：「這種感覺」才是最剛好的熟度 XD

 用冷麵來個完美收尾吧！

有些人認為，吃那麼多肉對消化不好，所以韓國烤肉才需要用生菜來輔助，除了生菜葉片、泡菜小菜外，韓版味噌湯——大醬湯（된장찌개），透過發酵豆類來促進腸胃蠕動，也是烤肉店的定番項目喔！若是敢吃生食，**也可嘗試幾乎每家牛烤肉店都會賣的「肉膾」**（육회），它是一道將生牛肉切成條狀或絞成碎肉狀，再拌上香油、糖、醬油、芝麻、梨汁等調味料，最頂端放上一顆生蛋黃所製成的「拌生牛肉」料理，在口中吃起來既清爽又有牛肉黏膩的口感。

烤肉吃到快尾聲時，也可以加點「炒飯」（볶음밥），它是利用鐵盤上剩下的肉及泡菜類加上白飯、海苔、辣醬一起拌炒的飯料理，將烤肉料理發揮得淋漓盡致。此外，**烤肉吃到最後，有些人會以水冷麵**（물냉면）、**拌冷麵**（비빔냉면）**來當作烤肉大餐的結尾**，就算天氣冷也要來一碗，大概是種去油解膩的概念吧！不吃冷麵就好像這頓烤肉還沒結束一樣。

呼！一口氣介紹了這麼多韓國烤肉豆知識，如果還是怕自己烤不好，不妨和店員表明自己是外國人，不知道怎樣烤比較好吃，交給烤肉店員工們來幫忙喔！相信以他們常在烤的經驗，一定可以烤出還不錯的肉！大部分烤肉店員工也都會為客人服務，只是有時店裡生意太好、人很多的時候，他們會忙到忘記回來看每桌的狀況，這時也不要傻傻地一直等店員來，不然很可能會吃到一堆烤焦的肉啦！此外，如果各位也跟我們同學一樣，什麼肉都想嘗試的話，教大家一個小撇步——更換網子，這樣就可以不用跑很多家店，一次滿足五臟廟需求！

1 有些烤肉店座椅下方有收納設計，讓包包及外套不會沾上烤肉味！2、3 看得出水冷麵與拌冷麵的差異嗎？4 辣炒雞排。5 顯示燒酒＋啤酒調配比例及酒精濃度的「燒啤杯」。6 將鐵桶改造成烤肉爐，站著吃烤肉也別有一番風味。

小心！這樣吃可能
失禮了喔！

「美男啊～吃飯時要把碗端起來啊！怎麼把整個臉栽到碗裡吃呢？」美男到台灣玩，爸爸在用餐時對他說。

但是……

「NANA 呀～吃飯時不能把碗端起來，要擺在桌上，頭低下去吃，不然人家會覺得妳像乞丐喔～」換我到韓國時，被美男爸爸這樣說。

同樣是吃一頓飯，在台灣，把碗端起來才是有禮貌的行為，但在韓國，卻變成了違反禮儀的做法，我們以為已表現出正確餐桌禮儀，沒想到事情卻不如想像。明明坐飛機只距離 3 小時左右的兩個國家，食事禮儀那Ａ差這麼多！？

▌一切都從拿好筷子開始吧！

在日本工作時，社長大人給我的第一道功課就是：「先學會正確拿筷子的方法」。「筷子」這個餐具起源於中國，很可惜在中華文化圈裡，對筷子拿法沒有太過要求，以前我也覺得「反正可以夾起來就好啦～」並沒有特別在意，但社長大人卻說，在商業

場合和客戶用餐或是去見男方家長時，女孩子筷子拿得好不好，都是對方評斷妳是否為一個「禮儀正確的人」的關鍵點。

沒想到社長這番話，在到了韓國後，真的被驗證了！

妹妹來韓國玩，公婆邀請妹妹和家族親戚們一起聚餐，餐會上公婆發現妹妹筷子拿法「怪怪的」，突然問我：「NANA，妳筷子怎麼拿得這麼好？」此時我心中如同蠟筆小新嘴角上揚般會心一笑，喔喔！我這是該感謝社長大人的「魔鬼訓練」，讓我在公婆心中留下了一個好印象嗎？

公婆認識的台灣人只有我一個，一直以來我拿筷子的方式並沒有讓他們感到質疑，他們以為所有人都跟他們一樣，看到妹妹的拿法才恍然大悟，原來事情不是這麼單純（笑）。

教我韓國文化的嚴老師說，**韓國人的確也會注重「筷子拿得好不好」，他們認為這是代表一個人的身教**，而且手拿筷子，至少能讓 30 個關節、50 個肌肉活動，這些關節、肌肉神經最終還是連結到腦神經，能促進頭腦靈活，最好是雙手都能運用筷子。因此在學校裡也都會教導孩子們正確拿筷子的方法。

以前還有一句俗語：「不會拿筷子的話，就無法結婚喔！」（젓가락질을 못하면 시집장가를 못 간다），這句話當然不是絕對，只是從這句話可看出韓國人對筷子拿法之重視。關於這點，日韓兩國似乎不約而同很相似呢！

即使拿筷子項目在公婆心中得到滿分，但剛來這裡時，還是被韓國扁筷折磨了好一段時間才上手啊！很多人來韓國旅遊時，會

買「韓式扁筷、湯匙」當伴手禮，可是也滿常聽到朋友抱怨韓國筷子很難拿，一開始我也這麼覺得！比起中、日式筷子，韓式筷子又扁又重，不是很好施力，加上又是金屬製，夾熱食時很容易發生：「唉唷，好燙！」的狀況，所以早期在我們家餐桌上，美男用韓式鐵筷，而我還是用自己習慣的日式木筷，現在則看當天吃哪國料理，就用那一國的筷子，這樣比較道地 XD

韓式餐具習慣直接擺在桌上使用。

　　位於首爾的國立中央博物館高麗時代展區裡，陳設了一些青銅製的筷子與湯匙，可看出在那個時代韓國筷子已呈現和現代一樣的扁長型。韓國筷子的形狀之所以和中國、日本不同，流傳著各種說法，有說法提到韓國人吃飯時習慣「湯泡飯」形式，白飯其實是用「湯匙」來吃、筷子只用來夾菜，然而**韓式料理大多為醃製類泡菜，這種形狀的筷子比較容易將泡菜撕下來或把醃製葉片分開**；還有一說是因為韓國人習慣在小矮桌吃飯，當在廚房裡準備好餐食，**將整個矮桌移動至客廳時，扁長型的筷子比較不會滾來滾去。**

　　材質部分，以前皇宮為了測試食物是否有毒，以銀製為主，演化到現代則是使用不鏽鋼材質居多，不鏽鋼製筷子不易壞、容易

清洗、消毒也方便。1990 年代開始為了將垃圾減量，韓國政府也制定了大眾餐廳裡禁止供應木製免洗餐具及牙籤的相關政策，現在到韓國餐館裡，放置的清一色都是不鏽鋼製筷子、湯匙，有些店家連水杯都是，外帶的話則不受此規定限制。

▌韓式餐桌，擺對了嗎？

早期有一次，我將家中晚餐的照片上傳到粉絲團，有好心讀者提醒我湯匙擺錯了！**不能將湯匙蓋在桌面，而是要朝上**，據說蓋起來是祭拜往生者用的 ORZZZ，後來去請教翁罵，她雖然沒說是給往生者用，但她說蓋起來福氣會跑掉，不論是怎樣的說法，我將湯匙蓋著擺，在韓式餐桌禮儀上，確實是擺錯了！

比起湯匙正著擺還反著擺，我最不習慣的還是直接將筷子、湯匙擺在桌上這件事了！不像中式及日式，會有一個筷架可讓筷子湯匙不直接接觸到桌面。如果有人跟我一樣很介意，不妨等食物送來後再從筷盒拿出來直接使用，若真的想在餐點送上來前準備好，也可先拿一張衛生紙墊著，這樣做也許會稍微好一點。

韓式餐桌給大眾的印象就是有很多小菜，看起來很澎湃，每次到餐廳用餐，店員很俐落地一道一道快速擺好，其實一頓餐擺下來也是很有學問的喔！

在古代，以米為主食的日常餐食被稱為「飯床」（반상），其他還有粥床、麵床、酒案床、茶菓床、交子床等按照不同主食、不同時機所呈現的組合。

1 韓國食堂、餐廳裡時常可見到供應不鏽鋼餐具。2 現代宮廷料理餐廳改良過後的「七折板」。

　以飯床來說，有三碟、五碟、七碟、九碟、十二碟之分，三碟跟五碟是一般庶民餐桌，七碟、九碟是貴族，十二碟則是宮廷君王用^(註1)。「碟」意指有附上蓋子的食器。不過幾碟幾碟算法，是要扣掉白飯、湯類、醬料、泡菜類，除此以外的小菜共有三碟、五碟、七碟、九碟、十二碟甚至以上，並不是將整個餐桌所使用的碗盤總數加起來就好，由此可見十二碟是多麼豪華的盛宴。更嚴謹一點，每個碟數的飯床，湯品要幾道、醬料要幾道以及要上怎樣的菜餚都有被詳細規範。

　韓國料理以陰陽五行思想為中心，將五味（甜、辣、酸、苦、鹹）、五色（紅、綠、黃、白、黑）平衡融合在料理中。最經典的應該就是「九折板」（구절판）這道料理了！如果造訪韓定食、宮廷料理餐廳，有機會看見這道開胃菜。現今九折板有兩種形式，乾的九折板大多只在婚禮幣帛（폐백）^(註2)式上出現，是

用一個八卦狀容器，裝滿不同堅果、乾果，加上中間那格總共有九格。而一般比較常見的，外圍八格是由肉類、蔬菜、蛋絲……等五彩繽紛食材組成，中間則是擺放類似迷你版春捲皮，吃法就是用中間的薄煎餅包外圍食材來吃，有些店家會將食材減少到七樣，嚴格來說只有七樣食材的九折板應該要被稱做「七折板」。

　　現代雖然沒有像古時候那麼複雜，但一道餐上桌，還是有一些眉角喔！從最右邊數過來，分別為筷子、湯匙、熱湯、白飯，筷子與湯匙通常是直式擺放。熱湯、熟食、主餐、常吃的菜放右邊，因為考慮到個人喜好及為了不讓熱的食物冷掉，將它們擺放在離筷子、湯匙較近的地方；泡菜、常備菜這類則是放左邊，如果是像水泡菜這種有湯汁類的，還是擺在右邊。而沾醬類又需擺在泡菜之前。

古代食器都有附上蓋子，稱作「碟」。（攝自韓國的國立民俗博物館）

排場非常氣派的韓定食套餐。

　　一般家庭餐桌，基本會有飯，除了白米飯外，五穀雜糧飯在韓國家庭也挺受歡迎。然後會有一道主菜像是燉排骨（갈비찜）、銅盤烤肉（불고기）等，再來還會有一道湯品：大醬湯、泡菜湯，最後還有蕨菜、黃豆芽這類涼拌小菜以及各式醃製泡菜組成美味的一餐。

　　看起來好像很可怕，不過也不用太擔心，因為現在韓國餐桌已經沒有像古代那麼講究了！大多是冰箱有什麼常備菜就端出來。為了寫這篇，把以往在餐廳所拍攝的食物照拿出來數小菜盤數，有些真的剛好有照上述規則，有些則沒有，不過也無法得知是巧

合還是真的有認真考究。至於擺盤，詢問過韓國宮廷料理店家的職員們，現代也沒有刻意規定哪道料理一定要擺放哪個位置，但會稍微照客人吃的方式來平衡調整一下。

▌韓國食事禮儀知多少？

接下來就來介紹一些韓國的食事禮儀吧！在韓國餐廳或是類似台灣八點檔的韓劇裡，有時可以見到阿珠罵們坐地板的畫面，姿勢不像日本採跪坐或盤腿坐，而是不避諱地把其中一隻腳立起來。雖然這樣比較舒服，但看起來總覺得不是那麼雅觀。後來才知道，其實這是韓國女性正確的坐姿呢！因為古代女性穿著韓服，在酒席上常需要起來做事，這樣的坐姿比較能迅速站立，且似乎這樣的 Pose 可以把韓服裙襬撐起來，看起來比較漂亮。男性的話雙腳交叉盤腿坐也好、單腳立起來也好，比較不介意是怎樣的坐姿。

在這裡替公公貼心提醒一下，他說：**「女孩子席地而坐時，一定要用坐墊，不能直接坐在地上！」**他們認為女孩子身體一定要熱熱的才好，有時如果我忘記鋪墊子就往地板坐下，公公都會趕緊拿墊子給我。

其他像是文章開頭有提到，不能將碗端起來這點，也是在韓國比較常遇到的。也許有人會跟我有一樣的疑問：「韓國湯匙這麼小，裝湯的砂鍋那麼大，若不端起來，要舀到什麼時候才可以整個喝完啊？」像日本拉麵那樣把湯全部喝完，才是對店家表示最高的尊敬啊！

1 部隊「鍋」（찌개）裡食材多，高湯比例相對少。2 吃到最後不是很好撈湯時，可將砂鍋斜放，靠調整角度來飲用底部的湯。3 豬肉「湯」（국）飯相較之下高湯量比較多。

　　嘿嘿～那麼請再回想一下，韓國砂鍋通常會和底座一起送上來，吃到最後，湯不是很好撈時，就可以把砂鍋傾斜個 15 ～ 20 度，斜放在底座上，湯就會比平放時更加集中。當湯越來越少時，角度就再調高一點，就是靠這樣調整角度來解決「不能將碗端起來」的問題。

另外，印象比較深刻的是剛認識美男時，一群工作夥伴一起去吃飯，會看到韓國人怎麼喝酒時用右手倒酒，左手還要扶著右手前臂？輩分較低的人甚至還要身體側轉、眼睛不能直視上司、用手遮著酒杯在背後偷偷喝！？其實這些動作不僅是表達對長輩的敬意，扶著右手前臂這個習慣，似乎也跟以前穿韓服有所關連。因為怕韓服袖子會沾到，所以稍微拎高，也讓對方知道袖子裡沒有藏著危險刀器，於是這個習慣就從以前一直承襲下來了。[註3]

　　在公司、家庭、朋友間聚會，也可見到在一開始時，一行人將酒杯高舉並喊：「乾杯～」的行為，只是比較不同的是他們會喊一個「威哈呦」（위하여），意思是「為了」，比如會有一個帶頭的人，先說一句精神標語，像是：「希望業績蒸蒸日上」、「家族們平安快樂」，等他說完後，其他人就會將酒杯高舉齊聲大喊：「威哈呦！」有機會遇到這種情況時，千萬別被他們高分貝喊口號的音量給嚇到了喔！

　　酒席上，像中、日文化習慣對方酒杯裡的酒還沒喝完，就要馬上看臉色倒新酒進去，認為讓對方酒杯空掉是件不禮貌的行為，但是在韓國卻相反，**要等酒杯都空了，才能繼續幫對方倒入新的酒**。只要稍微留意一下這些文化差異，相信很快就能夠與韓國人享有愉快的酒席、食事餐飲體驗！

▌湯、鍋、煲，傻傻分不清楚！

　　就算對韓國文化沒興趣，應該也都聽過「人蔘雞湯」、「部隊鍋」、「豆腐煲」這幾道韓式料理吧？每次我開心地想說要來

豬肉湯再加上飯，就是我們所熟悉的「湯泡飯」了！

做一道韓式湯品慰勞辛苦工作的美男，但他喝了幾口總會回我一句：「水加太多了！」發生這樣糗事的不只有我，韓文班裡有位日本前輩也說她老公常嫌她的湯料理水加太多。「韓國湯料理的水分拿捏真的很微妙啊！」她說。

　　是的，以中式思維來看，不管是「雪濃湯」、「大醬湯」還是「海帶湯」，都被歸類在「湯」裡面，覺得是配飯的湯品。但在韓式思考裡，這每一種「湯」所加的水量可都是不一樣的喔！

국：加的水量最多，比較接近中華料理所認知的「湯」。通常就是由水加上一些可以熬成高湯的食材組成。最典型的代表就是用昆布、海帶去煮成的「海帶湯」。其他還有像是豆芽湯、

豬肉湯、血腸湯。將국加上白飯，就是我們所熟悉的「湯泡飯」（국밥）。

탕：以국為基底，但加了更多料的湯品。像是人蔘雞湯、海鮮辣湯、牛排骨湯、雪濃湯。

찌개：加水量最少的一個，通常會使用很多種類的蔬菜、肉類、豆腐一起煮成。例如：泡菜鍋、大醬湯、部隊鍋、豆腐煲。

後來我找到一個小撇步，就是在**做這類湯品時，買韓式砂鍋來煮，這樣水分就比較容易拿捏！**「찌개」類因為要放比較多蔬菜及其他食材，當所有材料放下去後，自然能加水的空間就比較少；相對地「국」所加的東西都比較小也少，能加水的空間就變多了！

有了前人經驗，相信大家就不會跟我以前一樣傻傻地用台灣煮湯的概念在煮韓式湯品，想說煮大鍋一點可以吃比較久 XD 有一韓式砂鍋在手，韓式湯品樣樣拿手！！

註1：演員李英愛小姐所著《李英愛的晚餐》（城邦文化出版）一書中，有提到沒有任何文獻能證明朝鮮時代的水刺桌是十二碟，十二碟的說法是朝鮮末期尚宮間口耳相傳才有的說法。

註2：幣帛式為韓國婚禮之傳統儀式，有新娘初次向男方家「拜碼頭」之意。儀式上女方需準備棗子、栗子等乾貨供參加的家屬品嚐，通常在現代婚禮的最後一個環節舉行。

註3：不僅在酒席上，在較正式的場合和別人握手，表示「很高興見到你」、「幸會、幸會」時，也會有用左手輕扶右手前臂的習慣。

有哎波誰呦
漢江公園來份炸雞吧！

　　妹妹是個哈韓族兼無法抗拒美食誘惑的現役大學生，她第一次來韓國時，我們盡可能帶她嚐遍各種代表性美食：拌飯、牛烤肉、雪濃湯、辣炒雞排、脊骨馬鈴薯湯……餐會上美男家眾親戚非常好奇妹妹吃了那麼多韓式料理後，最「呷意」哪一樣？

　　但妹妹的回答，讓全場空氣頓時凝結了──「炸雞！」她說。這答案就好像在台灣旅行吃了各式山珍海味，卻覺得「車輪餅」還是心中 No.1 一樣。

　　「等下回家再點炸雞給妳吃！」即使那天我們吃的是韓定食大餐，豐盛菜餚滿滿一桌，公公還是疼惜難得來玩的妹妹，說要叫外賣給她吃。

🍾 看明星點炸雞

　　事實上，妹妹一點都不是怪咖，慶熙大學國際教育學院 2014 年以外國留學生 523 人為對象做的問卷調查結果顯示，韓國料理中令人印象最深的食物，有 32% 的學生都回答了「雞啤」（치맥），排名第一。學校方面推測會有這樣的現象，應該是受到韓劇《來

自星星的你》的影響。

2013 年底開始播放的《來自星星的你》成功將韓國炸雞文化推廣至全世界，裡面大明星千頌伊一句：「下初雪的時候，怎能沒有炸雞跟啤酒呢？」及多次吃炸雞的場面，讓外國觀眾邊看邊對著螢幕流口水！自己那時看完也非常想立刻叫一份跟劇中一模一樣的炸雞來解饞啊～看起來實在太可口了！原先受美國文化影響，吃炸雞習慣配可樂的人，也逐漸被洗腦成吃炸雞一定要配啤酒，**「炸雞＋啤酒」還被列入韓國冬天下酒菜「宮合」**[註1]**最佳組合排行榜 Top3 中。**

不過，炸雞價格也因為這樣跟著水漲船高，記得剛搬來韓國時，叫一份炸雞的價位是韓幣 14,000 左右（約新台幣 408 元），2017 年大多漲到了韓幣 20,000 上下（約新台幣 583 元），這樣的價格在鹹酥雞攤位可以買超多的啊！炸雞公司實際從養雞場大量批發雞隻再加上加工處理費用，根本不用這麼多成本，雖說後續的人事、物流、店面租金、設備、物價上漲或是禽流感雞隻大量減少時，都是會影響「一份炸雞定價」的關鍵。

1、2 韓國炸雞有許多花招，雙吃、三吃，以及絕對會附上「炸雞專用醃白蘿蔔」。

除此之外，炸雞價錢為什麼會這麼高，我覺得「廣告」佔了很大因素。韓國炸雞品牌保守估計有 200 餘家，在這麼多競爭者當中，要如何吸引消費者目光、付諸行動購買，「明星代言」就是個直接又有效的做法！**幾乎所有大品牌，每年都會找不同明星來為自家炸雞站台**，有偶像團體也有韓劇熱門主角、歌手，當年度誰最紅，找他們代言必定可以提升公司業績，相對地，越大牌的明星，報酬也就越高。請明星代言後，還得在電視台強力放送、網路媒體、廣告傳單……各種宣傳活動，讓客人無意識地想吃炸雞時就一定要叫某某明星代言的那家！

　　自己就是一個 100% 中炸雞公司詭計的「腦殘粉」！早期不懂韓文時，根本不是看品牌在點，完全就是看「明星」在點炸雞 >/////< 這禮拜吃李敏鎬代言的那家、下禮拜吃全智賢那家、下下禮拜再換劉在錫……更邪惡的是到了年底還會推出送年曆、送海報活

琳瑯滿目的外送宣傳冊，今晚您要選哪家呢？

動，點一定金額以上，就可以獲得明星「周邊商品」，讓心愛偶像陪伴一整年！各位迷妹們啊～～～妳們評評理這樣有辦法不點炸雞嗎！？曾經遇過粉絲團讀者說：「NANA，炸雞給妳跟美男吃，幫我姊得到年曆，錢我們出沒關係！」讓美男跟我有了免費吃炸雞的機會，「康撒哈米達」！

除了出動明星攻勢外，各家品牌也會推出不同花招來吸引顧客，有些炸雞店主打不油炸、用烤箱烘烤；有些主打使用國產雞隻或是用橄欖油炸成，強調健康主義；也有店家強調每天更換炸油，還提供 APP 可讓客人即時觀看油鍋影像。接下來，就來介紹幾間我們夫妻倆推薦的炸雞品牌吧～（店家是不是應該要付我們廣告費 XD）

◆橋村炸雞（교촌치킨）：

這間應該不用做太多介紹？華人觀光客人氣 No.1 ！

我覺得橋村炸雞最大的優勢就是「品質穩定」，不管到哪個地區、店鋪還是外賣，都可以吃到味道差不多的炸雞，這點很值得讚賞！對於第一次吃韓國炸雞的人，是很不錯的入門款！

◆ NeNe 炸雞（네네치킨）：

美男、NANA 推薦款！我們最常叫這家，因為美男是個懶人，不喜歡啃骨頭，所以它們家的「無骨醬雞」（순살닭강정）是我們的最愛 XD 對外國人來說，這款無骨雞醬汁不會辣又甜甜的，加上不用啃來啃去，完全是懶人專用，也推薦給不想在男友面前齜牙咧嘴啃骨頭的女孩們，這款可以美美地、保持形象地吃！

◆ HOSIGI 兩隻炸雞（호식이 두마리치킨）：

它們家最大特色就是花跟其他家相同價錢，但會送來兩隻雞，份量十足，而且味道也還不錯，算是高 CP 值的店！如果吃膩了其他家想換換口味，可以嘗試這家看看！貼心提醒：兩個人點份量可能會太多（除非是大食怪），建議三人以上點一份會比較剛好！

另外，還有受日本觀光客歡迎的 BBQ 炸雞，他們家的雞相較於其他品牌，雞隻較大，可以大快朵頤；bhc 家的起司炸雞（뿌링클）也是人氣款。**如果已經是韓國老饕，可試著去買路邊的古早味烤全雞**（통닭）！類似台灣的鋼管烤雞，有一根桿子一直轉、一直轉，這種烤全雞價位會比一般品牌炸雞來得便宜許多，也都可以買來嚐鮮。我們夫妻是不是真的吃了很多雞（笑）？

也許有人會問，炸雞世界各國都有，韓式炸雞到底有什麼不一樣，還成為全世界知名的「韓流商品」，外國人一定都要品嚐一下？喔～還真的滿不一樣的！就像日本的炸雞塊（唐揚げ）和台灣的鹹酥雞，雖然都是「雞」，但吃起來各有千秋。韓國炸雞個人最推薦的就是裹上「醬料」（양념）、調味過、醃製過的口味了！就是將一般炸雞外層又淋上特製甜辣醬，最上層再鋪上碎堅果，這種真的要到當地吃才能吃到正宗道地口感啊！有些炸雞裡面也會附有炸年糕條、淋上蜂蜜、撒起司粉、加蔥絲等多樣吃法。當然，也有韓國特有「激辣口味」，還是來個「半半」（반반）雙併拼盤，可同時吃到兩種口味。最最最不能漏掉的，就是配上一定會和炸雞成雙成對出現的「炸雞專用醃白蘿蔔」（치킨무），酸酸甜甜剛好可以解油膩！看到這裡，手指是不是已經點開網頁

買機票，準備飛來吃了呢 >///////<

　　不過必須老實說，韓國炸雞由於多為「加盟式」經營，即使同一品牌、同一道炸雞，不同地區吃起來也可能會有差異。就算是同一家店，不同時段點味道也或多或少會不一樣，建議盡量避開尖峰時段，例如：週末晚上 8 點～ 12 點或是天氣不好，很多人會叫外送的日子，因為店家要趕大量訂單，在炸的時候可能就不會那麼細心。所以請不要來罵我說推薦的很難吃，我只能回答：「多叫幾次就會有心得了！（笑）」

🍗 一棵大樹下也能叫外賣

　　大多數外國朋友來韓國吃炸雞時，會選擇在炸雞品牌經營的店鋪型店家吃，不過大概除了熱鬧地區會有這種可以坐在店內享用的店鋪，很多炸雞店都是一間小小店面，外面停了幾台摩托車，

1 外送 Pizza。2 兩人份菜包肉（보쌈）外送組合。3 有裹上特製醬料、撒上堅果的無骨炸雞，是我最推薦的口味！

專接「外賣」形式的，普遍都是從下午兩點營業到半夜凌晨一點左右。下次來韓國玩時，不妨也試試看叫外賣，體驗一下韓國的「外送文化」。叫外賣的方法有下列幾種：

*打電話：

1. 打通之後，先說明要外送的地址。

   因為外送有分地區，若所在地是那家店配送範圍外，講再多也只是浪費唇舌而已啦！

2. 告知店家想訂的餐點內容。

3. 告知店家是要付現金 or 刷卡。（重要）

   如果想刷卡又沒事先講，外送員沒將行動刷卡機帶出來，剛好錢包裡現金也不夠，這時就會很囧了！

*透過電腦網頁、手機 APP 訂購：

yogiyo（요기요）、配達的民族（배달의민족）、配達通（배달통）都是時下流行的外賣訂餐業者，動動手指按一按，食物就送到家了！付款方法除了當場付現、刷卡外，還可以線上刷卡或是透過電子支付、和電信帳單一起繳款。

對住在韓國的人來說，這個方式應該是目前最便捷的；但對觀光客而言，想使用這些功能，基本上都要有「韓國國內電話號碼」登記，所以在這點就 Out 了……

*請別人幫忙：←（強力推薦）

這是最方便又省事的做法了！不用擔心看不懂韓文，也不用輸入一大堆基本資料，只要請下榻飯店的工作人員或是住在韓國的

朋友幫忙訂購,食物送來時直接付款,這是對觀光客來說最好的辦法了!

通常下訂後,約 40 分鐘就會送達,雖然打電話跟透過網路訂購,有些店家會有價格上的小區別,但我想那價差大概就只是人工接電話的工本費而已,採取自己最不麻煩的訂購方法就可以了!有些店家也會有「付現送大罐可樂」、「集滿十張 Coupon 換沙拉」這類優惠,以我們的經驗是,太多店家可以選擇了,通常集不滿 XD(要不就是羊毛出在羊身上,只是把要給銀行的刷卡手續費以加大可樂方式回饋給消費者而已。)

外送地點,除了一般建築外,韓國最神奇的地方,大概就是上山下海,只要外送阿糾西能到的地方都可以!最常聽到人家說,在漢江公園的某棵樹下野餐,都有辦法「使命必達」!現在科技發達嘛～找不到人打電話就好了(笑)。

以前在日本時,日本店家是很少在外送的,大概只有便當、壽司、Pizza 或是離家近一點的烏龍麵、蕎麥麵店可以外送,因為日本人認為透過外送,食物味道會跟在店裡吃的有差別,所以還是希望客人能前往店內用餐。但**在韓國除了炸雞外,外送 Menu 選擇多元,烤肉、生魚片、辣雞爪、菜包肉**(보쌈)**、炸豬排、冷麵、速食**……就算每天都點不同店家,吃完一輪也得花上幾個禮拜!每個地區還會有「地方生活情報誌」,是一本刊登了各式外送食物的小冊子,想叫外賣時,拿起來翻一翻心裡就有底要吃什麼了!也有些店家會把自家菜單做成一張小廣告傳單,背後有磁鐵,讓客人可以貼在冰箱,要打電話時馬上就能看到號碼。

普遍來說店家標示的價錢就已經包含外送費用，有些店則會有買滿多少金額以上才能送的限制。食物的量大多是以兩人份左右為基準，現在「一人家族」比例逐漸提高，也有店家會專門設計「一人用」菜單，一人份也可以外送。不然也可以學美男哥，他假日時就會一次點到可外送的金額，吃不完的留著下一餐再加熱吃，外送並不是情侶 & 家庭的專利，單身者也可以吃得很開心！

　　平均來說炸醬麵應該是所有外賣品項裡，最快可以送達的！所以韓國人搬家時才會說一定要吃炸醬麵，趕快吃完才可以繼續整理東西（誤）。像炸醬麵、部隊鍋這類比較像「正餐」吃的食物，大多只營業到晚上 10 點前，炸雞、豬腳這種宵夜類才會營業到比較晚，在點的時候可以稍微留意一下。送來時有些店家會將食物用自動封口機或保鮮膜包得非常嚴實，甚至到有點難打開的程度，這樣才禁得起外送路途搖晃，讓湯汁不易流出！

　　還有，**如果送來時，店家不是用免洗餐具，他們會在客人吃完**

1 下雪天也得風雪無阻為客人送餐的外送業者。2 若遇到店家不是使用免洗餐具時，可以貼心地稍作清洗後再歸還。

後再次回來收碗盤，只要把盤子放進店家給的塑膠袋，並掛在門口即可；如果是住大樓，入口處需要按密碼才能進入的，拿到大門外面會比較好喔！雖然韓國滿多人不清洗碗盤，甚至把吃剩下的食物還有垃圾一起丟進袋子還給店家，覺得「就是不想這麼麻煩才叫外賣，幹嘛還要幫忙洗碗啊？」不過，將碗盤稍微用水清洗過再還給店家這個貼心小動作，會讓店家非常感激，夏天時也可避免孳生蚊蟲。之前還曾經發生過外送員在回收餐盤時，看到客人不僅把餐盤洗乾淨，還附上紙條「請用」，旁邊擺了一罐果汁，讓外送員非常感動，把這件事 Po 上網，引起了網友討論。

有時也會發生超過預期時間餐點都還沒送來的情形，在肚子餓時食物還不來，真的會想要抓狂！但食物外送員其實非常辛苦，需騎車分秒必爭為顧客送餐，尤其大家愛點外賣的時間，大多是天氣不好或是很晚不想出門的時段，千頌伊姐姐不是也說「下雪天」怎麼能沒有雞啤嗎？他們有時因下雨、下雪路滑，可能為了趕時間摔車，希望大家可以多體諒，放寬心看待！若想更進一步了解韓國「外送文化」，推薦看由高庚杓主演的韓劇《最強送餐員》，裡面可以看到許多外送運作的方式及外送員間義氣相挺、創業的故事。

社長大人滿街跑

韓戰結束後，南韓在快速發展的美麗哀愁下，嬰兒潮世代出生（1955 ～ 1963 年生）的人們在 1997 年亞洲金融風暴時，公司倒閉或被迫裁員；在功利主義社會下，沒有進到名校、大企業的年

在韓國很常見到像這樣充斥各種自營業店家的商業大樓。

輕人，得比別人更加辛勤工作，即使比那些所謂 SKY^{（註2）} 畢業、在一流公司上班的人工時還長，所得卻不如人家，有些人從約聘開始做起，後來才慢慢升為正職，這些也許都算是「還不錯」的例子。**有部分人承受不了這種高勞動低薪資、同工不同酬的待遇，一而再再而三地換工作，也有另外一群人，連工作都找不到，只好自行創業當老闆謀生。**

　　剛來韓國時，很喜歡去明洞逛街，因為明洞集合了所有叫得出名字的美妝及知名服飾品牌，只要去一趟，想買的東西都可以在那買齊。隨著熟悉這裡環境以後，發覺這些品牌在自家附近幾乎都有開設分店，以前要大老遠坐車去一趟首爾，現在只要在家附

近就可以入手了！

　為什麼會這樣？我想與韓國人的「創業風潮」有關。根據 2013 年的統計數據，繼承家業加上自營業比率共是 27.4%，也就是說**每 3 ～ 4 人當中，就有一個是自己當老闆的**。仔細觀察韓國日常社會，應該不難發現在社區住宅或是商業區裡，有很多一小間、一小間的飲食、通訊、補習班、美容、服飾、娛樂場所等自行開業的店家。「老闆」這稱呼聽起來似乎很威風，但背後有多少辛酸、要承擔多大風險，都是一般人在炫目頭銜下很難察覺的。

　我有一位來自中國的朋友，認識他們時，他們夫妻剛從中國搬回韓國沒多久，因為朋友懷孕，他們打算在韓國定居養小孩。雖然這樣說很失禮，朋友的先生可能學歷沒有很高，一直以來輾轉嘗試各種工作，沒辦法進到正式公司上班。從我認識他們到現在，先生已經換了數份工作，中間也有跟別人合夥開店，但不到一年就收了，有時生意很好，賺得比一般上班族多，但也會遇到不如意的時候。還好，這位朋友的先生就像是「打不死的蟑螂」，願意扛起一家之主的責任，挑戰各項難關，讓朋友和孩子生活還不至於太差。

　這樣的例子在韓國應該不是特殊案例，很多提早退休的中年人拿著公司給的退休金，再跟銀行融資些許創業金，開始了自己的事業，如果孩子剛好就職也不是很順利，整個家族一起投入開個小餐廳或咖啡店共同經營。滿多人會選擇走「**加盟品牌店**」這條路，因為掛上那個名字，就等於已經先打響一半名號了！**原料、設備、技術，都從總公司傳授，對於沒有經驗的人來說是一條捷**

徑，這也是造成前面提到的，不用去首爾，在自家附近就可以買到相同品牌商品的原因。早期不了解狀況時，都以為部落客們介紹的店家只在首爾有，後來發現其實很多店都是以「連鎖店」形式存在，全韓國各地都有分店。

消費者也認為「品牌」＝「品質保證」，曾有韓國記者調查，有些自營業者明明只有一間店鋪，但招牌卻寫上了「新論峴總店」、「乙支路直營店」，讓消費者誤以為是有點規模的連鎖店。業者也無奈表示，若不這樣做，大多消費者還是會選擇走入知名品牌店消費，特別是 10、20 歲年齡層的年輕族群。除了便利商店、麵包店、咖啡廳之外，最造成話題的應該還是「炸雞店」了！炸雞店因為加盟金相較其他業種低廉，又不需太艱難的技術，自然成為創業者的首選。韓文班李老師也說，她們家附近充滿了各品牌炸雞店，2014 年統計廳統計，有在公平交易委員會裡登記的炸雞連鎖店共有 24,329 家，若將非連鎖炸雞店、有賣炸雞當下酒菜的居酒屋一起算進去的話，估計會超過 3 萬家以上。不要讓「炸雞店隔壁就是炸雞店」的現象發生，是韓國政府需關切的議題。

有句話是這麼說的：「覺得公司裡面是戰場嗎？出了公司才是地獄喔！」原本以為自行當老闆會比較自由，不用看別人臉色，但現實卻是殘酷的。我們簡單地來看一些數據：

◆ 2015 年國稅統計年報結果顯示，每天平均有 3,000 人新加入自營業，2,000 人結束營業，自行創業者大約只有 3 成的人能成功。能經營超過 3 年的企業生存率只有 37%。

◆ 2007 ～ 2016 年，國稅局及統計廳所發表的資料，10 年間全

國自營業平均生存率為 20.1%，相當於每 5 人自行創業者中只有 1 人可以開業 10 年。

◆ OECD「2017 年企業家精神一眼看穿」報告書中，2015 年韓國「1 人公司」總數，為 OECD 國家中排名第四。

這幾年觀察家附近的小吃店，有些店鋪是一換再換，覺得這家好吃想再去光顧時，招牌已經換成了別的，原來的店家早已不知去向……許多人創業只是「生計型創業」，為了維持生計討口飯吃而已。雖然有些人將事業結束，是因為轉行或是學到訣竅後脫離總公司自行成立店鋪，但實際因為創業失敗而背負債務的，比例應該不少，又有多少家庭因為這樣而支離破碎？看來不管生活在哪個國家，「賺錢」都是件不容易的事呀！或許哪天美男跟我就在明洞大街上賣著鹹水雞跟滷味也說不定喔！

一卡在手，萬事通！

這絕對不是信用卡公司的廣告台詞！開始在韓國生活後，感受到和台灣、日本最不一樣的其中一件事，就是他們**幾乎所有消費都透過信用卡來支付，身上頂多只有幾張鈔票以備不時之需**，是個名副其實的「刷卡社會」。來想像一下韓國上班族的一天：

08:00 上班出勤搭乘大眾運輸 —— 交通卡、信用卡、手機支付

12:00 午餐時間吃了一份定食套餐 —— 刷卡

15:00 下午茶點了一杯卡布奇諾 —— 刷卡

19:00 下班到超市採購糧食 —— 刷卡

20:00 食材太重搭計程車回家 —— 刷卡、電子支付

23:00 宵夜時間肚子餓，想來份外送解饞 —— APP 直接交易

便利商店一罐韓幣 1,800（約新台幣 52 元）的飲料，或者像日本所謂「百円商店」（在韓國為千圓商店），也都可以堂堂正正把卡片拿出來刷下去，一點都不用感到害羞，也不會遭店家側目「這點小錢也要刷卡」。在韓國日常生活裡，幾乎不需要用到現金，如果有機會坐地鐵，可以察覺韓國人的手機套，大多使用掀蓋式皮套，裡面會有幾格可放卡片的空間，有些人連「皮夾」都沒有帶，出門只要帶上手機就萬事 OK 了！**韓國政府甚至從 2017 年 4 月開始試行「無硬幣社會」計畫，在特定便利商店、大型賣場付現消費找零時，將硬幣部分儲存至交通卡或轉換為會員點數，是高度電子化的社會。**

為什麼會形成這樣的習慣呢？契機是 1997 年亞洲金融風暴，當時一度陷入國際貨幣基金組織（International Monetary Fund）管理，整個韓國等於處在「經濟破產」狀態。政府為了促進內需，大幅放寬辦卡條件，鼓勵國民使用信用卡，據說那個年代不論是誰都可以輕易申請到信用卡。

為了鼓勵人民消費，**在每年申報所得稅時，刷卡金額可用來折抵部分稅額**，以 2017 年為例，只要全年刷卡總額達到年薪的 25%以上，超過部分可以返還 15% ～ 30%，以韓幣 300 萬為上限。接著還規定只要年營業額超過韓幣 2400 萬（約新台幣 699,120 元）以上店家，都有裝設刷卡機義務。這樣的措施除了便民以外，也可防止店家「逃漏稅」，有多少交易都能確實掌握。**現在韓國大概除了路邊小吃攤、市場流動攤販不能刷卡外，幾乎所有店家都**

有提供刷卡服務[註3]，有些店家也許沒達到需裝設刷卡機的標準，但也因為大多消費者是以卡片支付，沒有刷卡機反而會被認為是間「規模不怎麼樣」的店家，還是都會選擇導入機台。

使用信用卡消費的好處，除了上述所說，出門不必帶繁重皮夾、瑣碎零錢之外，也可以減少偽鈔問題。**每月薪資由公司入帳至員工戶頭，所消費的總額每月再從帳戶裡自動扣除，等於完全不需要接觸到紙幣就可以進行日常消費。**各家信用卡公司也推出許多刷卡優惠，點數加倍、加油折扣、買票半價、免費停車……十八般武藝輪番上陣，為的就是吸引消費者成為自家會員。另外，有沒有遇過買了一項產品，在保固期間內壞掉了想送修，卻找不到當時購買證明的窘境呢？若使用信用卡付費，即使發票丟了，也有辦法查出購買日期。

不過，過度發行、濫用卡片，也讓韓國面臨民眾成為「卡奴」、背負「卡債」問題，現在若沒有穩定工作、未成年者，或像我一樣是外國人身分、較難申請信用卡的人，適用的應該是購買物品時，直接將消費金額從帳戶餘額扣款的「現金卡」，有多少存款就消費多少。

可能因為真的是刷卡大國，對於確認使用者是否為卡片持有者本人這方面，相較其他國家寬鬆許多，孩子間流行一種說法：我這是「媽媽卡」，意思就是這張卡片不是本人名義，而是媽媽名義的卡！用「媽媽卡」刷卡，就可以放肆買自己想要的所有東西？No，No，No！由於每刷一筆金額，信用卡公司會即時傳簡訊至用戶手機：「在哪家店消費」、「花了多少錢」，如果發生盜刷、

遺失等問題，都可以立即與信用卡公司聯繫。這機能看似方便，但其實很可怕，像我只要消費什麼，美男都可以一清二楚地知道！有一陣子被醫生下令不能喝咖啡，某天在咖啡店刷卡消費完，飲料才剛拿到手，正準備喝下去時，美男立馬打電話來：「妳在喝咖啡對不對！？」想做壞事都不能（笑）。

另外，還有一個令人跌破眼鏡的現象，在台灣及日本，刷卡時店員都會稍微核對消費簽名及卡片上所簽的名字筆跡是否相同，但在韓國，會非常傻眼怎麼簽名像是「鬼畫符」隨便畫幾筆，連畫愛心的人也有！有時根本不用本人親自「鬼畫符」，結帳阿珠罵自己刷完卡片後，就在簽名面板上自動幫客人「畫」完了！不用幾秒鐘，就以迅雷不及掩耳的速度結完帳，ByeBye 送客！是該讚嘆大韓民國果然很有「效率」，還是⋯⋯ XD？

有則報導還滿有趣的，以前像是朋友、同事們聚會，都習慣由團體中最年長者買單，但現在趨勢漸漸傾向「各付各的」，這樣比較不會造成長者、上司們負擔，可是對於店家反而產生了困擾，因為如果 7 個人都要分開刷卡，不僅會在收銀台大排長龍，店家忙不過來還會導致送餐延遲、客人不願意光顧，間接影響店內生意。因此，有些店家開始設置類似日本的「自動點餐機」，或在店內貼公告「繁忙時段禁止分開付款」，是不是很有趣呢？

科技日新月異，電子支付熱潮竄升，「刷卡」逐漸變成像我這種「跟不上潮流」的人才使用，像美男這種追求「最新科技」的電子阿宅，根本連卡片都不用了，**所有信用卡資訊都設定在手機裡，要購物透過 APP 訂購、手機支付都可以解決！朋友生日，因**

為在遠方想送份禮物或請對方吃大餐卻無法親自送到，透過通訊軟體、購買電子兌換券傳送給對方，遠端請朋友吃份熱騰騰牛排，不再是件難事！朋友的婚禮無法前往參加，除了傳統 ATM、線上轉帳外，也都能以電子貨幣方式將禮金送給對方。隨著科技進步，過幾年後說不定會推出更驚人的付款方法喔！

1 和日本一樣的自動點餐機，在韓國也逐漸普及中。**2** 刷卡時的電子簽名機。**3** 將點餐資訊都記錄在卡片裡，結帳時只要刷此卡，就能調閱出點餐紀錄，是很特別的點餐方法。

註1：「宮合」原本是用來指男女性格上是否合得來，也常用在食物與食物間，就像雞排配珍奶是黃金組合無人能敵一樣 :P

註2：SKY 是擷取首爾大學（Seoul National University）、高麗大學（Korea University）以及延世大學（Yonsei University）三所菁英學校英文字母的第一個字而成，韓國許多的政商名流都為 SKY 校友。

註3：這裡指的是韓國國內金融機關所發行的信用卡，海外卡則要看各店家的系統是否能對應。

Chapter
3

房子也要長一樣？
一窺韓國人的

日常起居

韓國人都住
蝦咪厝

課本裡出現了幾個選項：「空氣好」、「寧靜」、「交通便利」、「附近有學校」、「周邊有大型超市」……

「你們覺得韓國人最喜歡住的是怎樣的環境？」老師問我們。

🏢 大樓住宅超人氣

決定移居韓國後，最先面臨到的就是：「要住哪裡？」這個大問題。在正式搬來前，有先探路了解狀況，美男從仁川機場開到了衛星城市 ── 京畿道，這一路上給我的印象就是：「大樓數量爆多、外觀都很相似，一根一根佇立在地面上。」彷彿高樓叢林似的。

「哇！也太多大樓了吧！」相較於台灣的透天厝、日本的矮房，韓國這些大樓樓層數都非常高，難道不怕有地震嗎？那時的我還不知道原來韓國人喜歡住大樓這件事，想說是不是首都圈人口太多，只有這樣的住宅才能容納所有人？

在要講更詳細關於大樓的二三事之前，先來看看韓國到底有哪些住宅型態吧！就讓我從單身、人數少，一直介紹到適合全家人居住的房子，NANA 房仲正式開張 :P

單身貴族、留學生適用

◆**考試院**（고시원）：如同字面上的意思，專門給準備國家考試、各種考試的考生們用，通常出現在大學周圍，當然除了考生以外，想要節省費用的社會新鮮人、一般人士也都可以入住。裡面空間非常小，就是「除了睡覺，只能讀書」那種空間感。

日本網民曾在網路上 Po 過一則：「韓國人也太可憐了吧！竟然住在這種地方～～～」照片裡大概 2 坪不到的空間，擺放了一張看起來無法翻身的小床及書桌、簡易收納櫃，甚至還擠了一間浴室，他們所說的正是「考試院」。

「單月租金便宜 & 不一定要保證金」是考試院的好處，只要按月交房租就可以入住，也不用被綁動輒半年、一年以上的住宿契約，退租前預先告知即可。大部分考試院都會提供簡單的白飯、小菜、泡麵和飲品，不過因為空間很小、隔音不佳、出入份子較複雜，不太適合久住。

◆**下宿**（하숙）：類似台灣雅房概念。下宿最早是假設家裡有多餘的房間，屋主將這些房間出租，並收取些微食費，早餐及晚餐會煮飯給房客吃，離開家鄉到城市念書的學生，就會利用這樣的住宿設施。韓劇《請回答 1994》就是從下宿屋裡延伸出來的一連串故事。

不過近年來，下宿也不完全是這種形式，有些也逐漸專業化管理。下宿對於不擅長自炊的人來說很方便，比起考試院，一起用餐的過程還能與其他房客交流，比較有室友照顧、家庭的氛圍。

◆ **One Room**（원룸）：類似台灣所說的「獨立套房」。有自己獨立進出的門戶，房間裡有廚房、衛浴設備，基本生活配備該有的都有，空間也較寬敞。如果有點預算，又怕與別人合住會因室友生活習慣不同造成困擾，One Room 就是非常好的選擇！尤其韓國人口結構中一人家庭比例逐漸上升，One Room 這種住宅型態就很值得關注。建設公司也看準了這個市場，推出比 One Room 再大一點的「1.5 Room」，可使用空間又更大了。有些人認為傳統 One Room 大門打開後房間內部一覽無遺，於是 1.5 Room 將客廳及臥室設置隔門分開，改善了這個問題。

◆ **Officetel**（오피스텔）：這個名詞是由英文 Office ＋ Hotel 結合而成的韓式英語，指的是住商結合之住宅形式。白天當辦公室用，晚上則變成住家，商務人士不用每天通勤上班，一整天待在家裡就可以辦公，利用者多為律師、會計師、作家這類工作時間較能自由運用的專業人員。有些經濟比較寬裕的外國留學生們，也會選擇 Officetel 來當作在韓歇腳地。

　　曾經參觀過一個樓中樓 Officetel，一樓部分除了廚房、廁所這些基本配備外，還有個小型客廳適合辦公，半樓部分為寢室，大概是可容下一張雙人床的大小，但若站立則會頂到天花板。一樓客廳有著大片落地窗，如果座落在不錯的地段，夜景應該會非常迷人。因為是住商兼用，廚房流理台這類比較會顯露出生活感的家具設備，則會做上拉門掩飾。

2 人以上家庭適用

◆獨棟建築（단독주택）：類似台灣的「透天厝」。在台灣或日本，擁有一棟門口有個庭院可以種花草、養寵物、陪伴孩子玩樂、享受平和日常的獨棟 My Home 是多數人的願景，不過韓國人可就不一定這樣想了喔！

公婆原本住在一棟兩層式獨棟建築，由洋食餐廳改建而成，有獨立進出的大門，進去後有一塊面積不算小的庭院可種植物、蔬菜水果，樓頂還有露臺可以烤肉、看星星，這樣的生活空間看得是人人稱羨。不過，某天我們卻接到他們把房子賣掉的消息。

獨棟建築對於有些韓國人來說，**沒有人「管理」是個很大的問題**，只要房子發生狀況：像是屋瓦、外牆破損，都得自己想辦法維修，冬天下雪時也要自己動手清雪。加上獨棟建築普遍屋齡較久，且周圍沒有其他房子庇護，冬天會比較冷，暖房設備也相對老舊，要讓屋子維持在一定溫度的話，暖房費用就會很驚人。還

1 住商結合之居住形式。2 獨棟建築。

有一個是「防盜、安全」問題，因為一般大樓都會有管理員，各角落也都裝有監視器，獨棟建築若要自己安裝監視系統，在費用上以及實際是否需要都是須斟酌的部分。其他還有像是垃圾處理、蚊蟲孳生、停車空間、宅配保管等問題，讓韓國人對於獨棟建築反而不那麼情有獨鍾。

有統計數據顯示，在 2000 年代中期以前，韓國人居住獨棟建築的比例高於大樓，但在 2000 年代中期過後，就完全反轉了。

◆ **Villa**（빌라）：Villa 在韓國有兩種型態：一種和英文同義，指有錢人會住的高級豪宅、度假別墅；另一種是類似台灣公寓這種「多戶數共同住宅」，在韓國為了讓它們聽起來也像高檔別墅的感覺，房仲業者將這樣的建築物取名叫做 Villa。

這種多戶數 Villa 公寓，常見樣貌為 1 樓是停車場，整棟包含停車場大多是 5 層樓高的建築。內部型態有很多種，可以是由多間 One Room 組成，也可以是跟普通大樓一樣有三房一廳兩衛浴。

Villa 公寓相較於一般大樓，普遍來說價錢較低，公共區域分攤費也是。由於自家車就停在公寓 1 樓，下樓後可以直接開了就走，便利許多。至於缺點，因為 Villa 通常緊鄰馬路邊，如果是在車流量較多的路段會比較吵雜；此外，Villa 沒有設置電梯，對行動不便的長者或是在購買大量生活用品時較不方便。

◆ **大樓**（아파트）：相當於台灣的大樓，除了某些高級大樓外觀會與其他大樓有明顯差異外，普遍韓國大樓住宅的外觀都比較類似台灣的國宅，看起來較樸素一點。樣貌雖然大同小異，但不同建設公司蓋的大樓，房價也會跟著變動。

1 Villa。2 外觀極為相似
的韓國大樓。

　　韓國人之所以會喜歡住大樓，有滿大因素是因為**有「管理單位」
駐守的關係**。從接收包裹、統一回收垃圾這種小事，到房子內部
有問題，例如：漏水、馬桶不通，都可以先找管理單位來看看，
他們會在能協助的範圍內幫住戶解決問題。規模大一點的大樓都
是以「團地」為單位來建設，比如現代集團所蓋的大樓團地，可
能有 1 團地、2 團地、3 團地、4 團地……每一個團地裡有數十棟

大樓，那整個團地的總戶數可能多達上千戶。多戶數的好處像是有時住戶間若要「團購」更新紗窗網、換流理台的話，聯合起來和業者談費用也會比較便宜。

也因為這樣的大團地其實都已經算是大型住宅社區，在社區裡會有幼兒園、學校、飲食店、小型超市、理髮店、室內設計店等便民設施，也會有類似公園、遊樂器材、健身設備甚至圖書室，提供住戶休閒活動的場所，在社區裡就可以解決基本生活需求。

大型社區有些也架設了自己的網站，上面可以看到管理委員會公告事項，也可在留言板和其他住戶討論像是「冬天暖房費多少？」、「住在這社區有什麼煩惱？」等問題。雖然每個月要支付一些管理費用，但以我們現在住的社區來說，真的能感受到管理單位確實有在進行管理，定期清洗玻璃窗、修剪樹木、整理環境甚至到大樓外觀的重新粉刷，都有把管理費做適當運用。

現在韓國大樓住宅壓倒性受歡迎，新建大樓若蓋好要出售，還不是「老子有錢就可以買得到」。**在韓國有一種為了買房專用的儲蓄存摺**，這種存摺的機制就是假設未來有一天 NANA 有意置產，那現在開始每個月固定存韓幣 2 ～ 50 萬（約新台幣 583 ～ 14,565 元）的金額在這個存摺，幾年後看到中意的房子欲購買時，建設公司會依照有沒有持續在為買房做準備的這個**「住宅請約綜合儲蓄存摺」**（주택청약종합저축통장）內容來判斷此人是否有優先分讓權。是不是很特別？當然，這僅限於「購買新屋」的情況，若是購買中古屋，直接承購就可以了。

韓國大樓住宅看似益處甚多，其實也是有缺點的。像是**要忍受樓上、隔壁住戶的「生活噪音」**，如果樓上住戶有幼小孩童，孩子們在家裡跑來跑去的聲音，會讓樓下住戶受不了。其他還有像是吸塵器的打掃噪音、運動器材的運轉聲音，或者是練習鋼琴若彈得不是很流暢的話，也是種噪音（笑）。韓國每年因為樓上樓下鄰居「層間噪音」吵架而身亡的，平均都有 1～2 個案例。

　　曾經我們也碰過一次「韓國限定」的另類鄰居噪音，某天樓上住戶從早上開始一直「碰、碰、碰」地不知道在做什麼，隔了一段時間實在不堪其擾，上去按門鈴請他們稍微控制一下音量，不過鄰居很無奈地表示：「我們正在做泡菜 T＿＿＿T」這也算是種本土風情、國家特色嗎？樓上鄰居正在做重要的生活糧食，我們怎麼忍心打斷他們呢？

◆ **Town House**（타운하우스）：一種改善舊式獨棟建築缺點、融合大樓優點的「少戶數共同住宅」，若用中文來形容，應該是較接近所謂的「別墅社區」、「透天社區」。目前在韓國並沒有很普及，大部分是經濟層面還算優渥的民眾才會利用這樣的居住形式。

　　新型態 Town House 就像大樓一樣，屬於社區型有專人管理，還有獨立進出柵欄進行車輛管制，不用擔心小朋友在社區裡跑來跑去發生危險，加上是屬於自己的獨棟空間，不用怕孩子在家裡嬉鬧時吵到樓下鄰居。在 Town House 社區裡，也改善了一般獨棟建築所欠缺的安全問題，全面設有監視器監控。

　　Town House 環境優美，有小型戶外空間可休憩，對於有孩子的

Town House 透天社區。

家庭來說，應該是個理想的住宅型態，不過若想要「環境優美」，相對地就得付出搬往郊區的代價，上班通勤、孩子上學、周邊購物、教育環境等問題，值得再三衡量。此外，有些 Town House 沒有室內停車場，只能停在自家門前，北國冬天天氣冷、下雪時車子停在戶外，早上發動需花費更多時間熱車、除雪，電瓶消耗率也可能增快。

 什麼！租房子竟然不用錢！？

了解完韓國住宅型態後，接下來可能還需要認識租房機制，才能開始找個符合經濟效益、心目中理想的好窩喔！在韓國，除了

買賣（매매）之外，若要以租賃方式來承租房屋，有下面這三種方式：

◆**月貰**（월세）：在入住時，給房東一筆押金（韓國叫做「保證金」），之後再按月繳房租，合約到期後，房東會將保證金退回。通常保證金押得越多，月付額就越少；反之保證金若無法押太多給房東，月租就會相對地提高。相較於台灣租房子的押金是 1 ～ 2 個月的房租，韓國的保證金高出許多。

例：One Room 型態，在首爾的新村地區。
保證金：韓幣 1,000 萬（約新台幣 291,300 元）
月租金：韓幣 40 萬（約新台幣 11,652 元）

高達約台幣 30 萬元的保證金，對學生來說確實有難度。若沒有這麼多現金，也許可以和房東商量，是否能變成保證金韓幣 800 萬、月租金韓幣 50 萬，以提高月租、降低保證金的方式來承租。

◆**傳貰**（전세）：這是一個韓國特有的租賃方式。只要將大額傳貰金交給房東保管，房客就可以在合約期間內「免費」居住在這棟房子，通常為期兩年。除了水、電、瓦斯、管理費……這些基本的開銷之外，每個月的房租是 0 元！

喔？此話怎說？

以前銀行利率很高的時代，假設這棟房子的賣價是台幣 1,000 萬，如果房客拿出現金 700 萬借給房東運用（投資、生利息），那這間房子就可以免費出租給房客，兩年期滿後房東會將 700 萬原封不動地還給房客。這樣的方式對房東來說，除了可以免掉每

個月擔心房客是否繳得出房租，在出租順利的情況下，房東還能一直保有 700 萬的現金可以周轉運用。對於房客來說，不用負擔每個月的房租，合約到期後整筆金額能原封不動拿回，還可以一直試住不同房子，直到找到屬於自己的 Mr. Right ！工作有可能面臨調動的人或是考慮孩子未來學區問題，兩年一約的傳貰制度就顯得非常人性化。很多新婚夫婦剛結婚時會用傳貰方式來租房，等孩子出生後再直接把正在住的房子買下。

近年來銀行利率下降，就算把大筆金額存到銀行也賺不了什麼利息，因此房東大多在續租時會要求提高傳貰金押額，像**現在有些傳貰金都到達了房屋賣價的 9 成左右**，那用租賃跟直接購買下這棟房子的價差就不會很大了，如果都是要跟銀行貸款，相同每個月也都要還房貸、利息的狀況下，還不如一口氣買下，也可省掉常常搬家的麻煩。因此，**在目前的低利率時代，滿多房東寧可採月貰制，讓每個月可以有租金收入。**

傳貰這樣的制度，是因為早期韓國銀行利率優渥再加上相對健全的法律才能成立，但對外國人來說可能會覺得不可思議：「要是房東跑了怎麼辦呢？」這麼一大筆錢要找誰拿回？或是跟我傳貰的這個房東，真的是這間房子的所有人嗎？會不會遇到詐騙？

於是在 IT 大國，也有專屬網站可查詢每一間不動產的所有人，比如 XX 區 XX 大樓 XX 棟 XX 號的登記人叫做尹○○，在簽約前事先確認房東是否與房屋持有者相同，以及搬進後確實辦理移居相關手續，這些方法在未來遇到糾紛時，都可以成為證據。

◆**半傳貰**（반전세）：半傳貰就是假設原本傳貰金是台幣 700

萬，但房東覺得現在利率太低，700 萬存在銀行得不到什麼利息，想在現有合約到期後，將傳貰金降成 650 萬，但每個月要收 1 萬 5 千塊房租。站在房東立場，這樣的方式收入會比原先存銀行的利息來得高；站在房客立場，也會認為一大筆金額壓在房東那不放心，寧可每個月多付一點房租，留現金在身邊。這種結合了傳貰跟月貰的租金方式就叫做「半傳貰」，但如同傳貰一般，現在這種方式也在漸漸消失中。

 ## 在韓國如何找房子？

上面介紹了多種住宅、租屋方式，無論選擇哪一種，都需要進行「找房子」這個動作！在韓國可以透過下列幾種方法來取得出租／販售房屋的資訊：

◆網路
◆免費生活資訊報（Free Paper）
◆路邊個人張貼的廣告傳單
◆房屋仲介

在這裡最推薦的方式還是透過「房屋仲介」來找房子，在韓文稱為「不動產」（부동산）或是「公認仲介士」（공인중개사）。

韓國的房仲，通常都是小小一間店面，裡面大多只有社長一個人，進去後將需求告訴社長，他就會幫忙尋找理想物件。同區域的不動產房屋情報也會互通，可以詢問 2 ～ 3 家，找個熱心、積極的不動產社長來辦理。若韓文不是很流利，建議找韓國朋友或

1、2 路邊的免費生活資訊報。3、4 韓國房仲業者。

是韓語程度不錯的友人同行。

　　透過**房仲雖然會收取 0.3 ～ 0.9% 的仲介費**，但由於他們是有證照的專業人員，會幫忙確認合約內容是否合理，看屋時也會幫忙認定房屋哪裡有毀損、房東開出的價位是否符合行情等內容。若是單身女子，有房仲人員一起陪同看房，安全上也會比較沒有顧慮。當然，房仲做的事還包括前面提到的，確認房屋持有者是否和房東為同一人、幫忙查詢房東債務狀況，這些事項透過仲介來協助，可以減少很多風險。如果個人直接與房東簽約，有時也會

遇到將同一個物件同時出租給兩個房客的「雙重簽約」事件，若走上法庭，程序將會更加繁雜。

🏠 搬家很麻煩？站在旁邊指揮就好！

因為有傳貰這種特殊文化，每兩年搬一次家的人不在少數，課堂上老師反而對我這種來韓國後一直住在同一個地方、沒搬過家的人感到驚訝呢！其他同學們或多或少都有過搬家經驗。**相較於台灣文化，韓國人對於房屋的情感似乎沒有那麼執著。**有沒有在韓綜上發現，韓流明星們似乎不太介意別人參觀他們的家，因為有些也只是「短暫居住」的殼而已，我們所看到的大明星家，搞不好過一陣子就變成別人家了！婆婆也認為房子要越搬越大，才能讓自己人生有動力，因此放棄了眾人羨慕的獨棟建築她並不覺得可惜，從以前到現在他們也經歷過數次搬家。

因應這樣的搬家風氣，在韓國搬家業者也很發達，跟日本一樣，韓國人也很常利用搬家公司，而搬家公司的電話很喜歡用與韓文「搬家」（이사）同音的數字「2424」，或是「8282」（韓文：

1 搬家公司常以數字「2424」作為電話號碼。2 搬家時不用事先打包行李，全部讓搬家公司處理就對了！

使用「雲梯車」搬家是
韓國的日常風景。

빨리빨리）形容「速度很快」！**要搬家的人完全不用花時間打包**
行李，搬家當日一早團隊來到現場後，會原封不動幫客人把家中
所有物品「移動」到新家去，委託人只要站在那裡指揮就可以了！

　　對日本、台灣的朋友來說，韓國搬家最新鮮的應該是「使用雲
梯車來搬家」吧！由於大樓林立，樓層數動不動就是十幾層以
上，比起等電梯的時間，出動雲梯車速度相對快很多。所以一般
搬家行程都是上午把舊家清空，下午就開始把東西移入新家，只
要一天就可以完成搬家作業。對於講求效率的韓國社會來說，新
住戶若沒有堅持要重新室內裝潢、清掃，就會「馬上」在舊住戶
搬走的隔天住進來。

老實說，因為追求快速的關係，有時搬家業者的動作會比較粗魯一點，對於房子、家具可能就沒那麼愛惜，在搬家前仔細評估業者也是很重要的環節，不要認為只要價錢便宜就好。在韓國搬一次家的費用，也會受舊家 & 新家距離、居住樓層、家具數量多寡影響；還有一個比較好玩的是，韓國人也會看日子搬家！**陰曆 9 號跟 10 號被稱為「沒有惡靈的日子」（손 없는 날），選擇這天搬家價錢會比平常貴、也不一定預約得到搬家公司。**至於搬家費用，以一整個家庭居住的空間來算，大概在韓幣 150 萬（約新台幣 43,695 元）上下，僅供參考。

 ## 新居落成禮物 —— 用不完的衛生紙

搬家那天有個不成文的規定，**就是要吃「炸醬麵」、「炒碼麵」、「糖醋肉」這類中華料理**，其實沒有特殊原因，只是因為搬家當天通常都很忙，「炸醬麵」在外送 Menu 中可說是能最快送達的食物，因此漸漸帶動了搬家當天要吃炸醬麵的風潮。

等新居佈置告一段落，韓國流行舉辦「喬遷宴」（집들이）邀請朋友們一起慶祝，這時就是女主人大（累）展（死）身手的好時機啦！也有專門包辦喬遷 Party 的外燴業者，會將食物、酒、飲料準備好，並到家裡擺設、佈置。像美男哥因為還單身，搬家時就請了業者來承包，雖然會花掉一些費用，不過大多中小企業都會補助員工的喬遷宴，有了津貼不無小補啦！

如果哪天有機會受邀參加喬遷宴，**除了禮金之外，最常見的伴手禮就是「捲筒衛生紙」及「洗衣精、洗衣粉」了**！這類生活用

品不僅非常實用，捲筒衛生紙還因為可以一直拉出來，有希望這家人往後可以一直順利走下去的寓意；而洗衣用品則是因為會洗出很多泡泡，代表祝福這家人未來可以很有錢，就像泡泡一樣源源不絕。韓國的衛生紙及洗

容量非常「豪邁」的韓國衛生紙，是新居落成最好的伴手禮。

衣用品通常包裝都非常「大容量」，所以有些人搬家後 1 ～ 2 年內都還一直在用朋友送的搬家禮物，這樣能不能算是另類的省錢方式呢？（笑）

有一點需要特別留意，**在喬遷宴所收到的這些衛生紙、洗衣劑大軍，不能因為太多用不完而分送給別人**，根據婆婆的說法，她說這樣福氣會跑掉，對她來說是個大禁忌。為了不要讓家裡變成衛生紙倉庫，交情好一點的朋友可事先詢問是否有需要其他電器類、居家擺飾用品，用來代替衛生紙們。再更早期一點，聽說還會送「蠟燭」當作搬家禮物，但在現代社會，送蠟燭的習慣已漸漸消失。

講究一點的家庭，在搬入新家後還會分送「蒸紅豆年糕」（시루떡）給鄰居，也算是敦親睦鄰的一種方式，告訴鄰居：「我們新搬來這裡，請多多指教！」不過很可惜，現在居住大樓的人居多，平常大多互不往來，加上搬家次數頻繁，鄰里間的人情味似乎逐漸抹滅了。

電視劇裡，也許有看過韓國大嬸們很愛問：「你住哪裡？」這個問題，以住在哪個地區、哪棟大樓，大概就可以判斷出這個人身價多少。現實韓國社會中，這現象也是存在的，**網路上可輕易查詢到每棟大樓的售價大約是多少，身價完全透明化！**住 Villa 的人好像就比住大樓的矮一截、住獨棟建築的人又好像比住大樓還要高一等的樣子。

不過，不管住在什麼地段、幾坪空間，只要自己住得舒適開心就是吉屋！且每個人喜歡的居住型態也不同，別人覺得完美的房子，不一定就適合自己。文化課嚴老師就曾經說過，退休後想搬去鄉下住傳統韓屋，她受夠了大樓住宅要受樓上、樓下住戶牽制，現在因為在都市工作，土地稀少，不得已才選擇這樣的居住空間。

俗話說：「千金買房，萬金買鄰。」不只在韓國，世界各國不也都是如此嗎？

1 大樓社區裡給孩子們遊玩的區域。2 韓國 Villa 典型構造：1 樓部分為停車場，整棟建築不超過 5 樓。

有了它們，
冬天就不冷了！

　　我是在南國出生的孩子，高雄到 12 月幾乎都還可以穿著短袖到處跑，學生時代為了求學上台北、接著因工作關係飛到了日本……緯度越來越高，現在居然還住在冬天是零下世界的韓國，家人都很擔心體質怕冷的我，在這些環境有沒有辦法生存？是不是快冷死了？

　　殊不知，韓國的冬天室外雖然冰天雪地，室內其實暖呼呼，甚至可以只穿短袖過冬，那都是因為有……

❄ 地熱啊～地熱，冬天的救世主！

　　第一次來韓國玩時，正值農曆過年期間，也是一年中最寒冷的季節，出機場後，覺得空氣極度乾燥，乾燥到喉嚨很不舒服，一直咳嗽。清理鼻孔時，發現鼻屎裡竟帶有血絲，想說自己是不是身體太虛弱才會流鼻血？回到飯店後，房間內卻熱到像夏天一樣，睡覺時根本只蓋一條薄被就很足夠。對韓國天氣的初印象，大概就是非常乾燥，室內及室外溫差好像三溫暖，身體有點無法負荷。

　　不知道多少人來韓國旅遊時，有著和我相似的經驗呢？會不會

覺得韓國冬天其實沒那麼冷，有時還會覺得有點「熱」，衣服一件接著一件脫……我想，**這都是因為有「地熱系統」的關係**，對於很怕冷的人來說，它是有如救世主般的存在。定居韓國後，冬天沒有開地熱，真的無法過冬啊～～～

　　這裡所謂的地熱，其實是一種暖房設施，在中國東北地區也可看見類似設計，稱為「火炕」。中國火炕和韓國地熱不同的地方在於，火炕是在室內部分區域，用磚堆砌架高 70 ～ 80 公分，上方鋪為床面，床面下設有煙道，透過灶口燒柴，熱氣流過會使床面暖和。韓國地熱基本構造也是如此，差異在於韓國是整個建築的地底都鋪設管道，比較全面性。

　　早期韓屋的地熱設施稱為「溫突」（온돌），它的原理是利用廚房爐灶料理時所產生的熱與煙，傳送至房間底部，最後再由房屋另一端的煙囪排出。在各房間的地底下架有通道，通道頂部鋪設平板狀石頭（구들장），可以預防火災，接著用泥土抹平，使其受熱均勻，最表面一層再鋪上多重油紙，房間內天花板及牆壁大多會貼上以韓紙製成的白色壁紙蓄熱。

1 傳統民間韓屋的溫突遺跡。2 冬天的濕度計度數有時會來到負的。

現代化地熱的遙控器。

石板受熱後，將熱氣傳導至地面，地面熱氣透過紅外線熱輻射現象，反射至牆壁及天花板，最後再透過空氣對流，使房間維持在一定溫度。這是一種同時利用熱傳導、輻射及對流的加熱方法。古代據說設計良好的通道，燒一次柴熱度就可以維持 45 天左右。邊煮飯邊溫熱房間，不但不需額外費用，且這樣的煙道損耗率不高，基本上很少故障。離爐灶越近的地方，溫度越高，受儒家思想影響，較溫暖的位置通常都會禮讓給長者們坐。

以前溫突的加熱媒介，是以燒木材、稻草、麥穗為主，到了 1960 年代開始以燒炭為主流，不過燒炭方式當地面龜裂後，一氧化碳從縫隙中流出會有中毒的危險，因此演化到近代，溫突被改良成日本所謂的「床暖房」，也就是地下暖房的意思。

有買過「電熱毯」嗎？是不是一條像被子的東西，上面佈滿了電線，插頭插入插座後，沒過一會兒就發熱了！現今韓國地熱構造，就像是「電熱毯」的放大版。由於現代人的居住環境已由傳統韓屋轉變為大樓、透天這類建築，不太可能還起爐灶生火煮菜，

如今是會在房屋地板底下埋設有如電熱毯上的管線，裡面流通熱水，加熱方式有天然氣、煤油（現今已少見），還有地區性中央暖房送水等，在加熱器、鍋爐（Boiler）這類機台進行加熱後，透過配管傳送至各房間使其內部升溫。也有另外一種是在地面鋪設加熱面板，透過電氣等熱媒來發熱。暖房業者近年來也逐步開發使用多種能源替換、利用深夜電力等各種節能的加熱方法。

房間溫度可透過遙控器來調節，由於韓國冬天實在太冷，若不開地熱的話，管線內的殘水有結冰的可能，因此大部分家庭整個冬天都會持續開著，連不在家時都是，有些遙控器還設有外出模式，使房內維持在最低保溫狀態。雖然地熱費用很高，每年冬天總是得付上一筆不小的暖房費，但總比管線壞掉，整個地板都要掀起來修理便宜。以前地面鋪的油紙，現在則以塑膠地板來取代，韓國家庭裡鮮少用磁磚、木頭做為地板材料，也許是因為地熱傳導、蓄熱性的緣故。這樣現代化的地熱裝置，在韓國家庭幾乎是家家戶戶都有、100% 被導入使用。嚴格上來說，這樣的地下暖房設備已經和傳統「溫突」不太一樣，但若和韓國人提到「溫突」，其實對方也會明白所指的是現代化地熱。

有些餐廳全部為地板座位。

❄ 席地而坐的生活方式

這樣的構造，使韓國人有了「**以地板為中心**」的生活習慣，因為地面是最溫暖的地方。韓文裡有一句話叫做：「肚子吃飽，背也溫暖！」（배부르고 등 따뜻하다），意指只要肚子溫飽、身體不感到冷就「心滿意足」了！對於大部分民族來說，吃飽了就代表滿足，但韓國人除了肚子溫飽以外，身體也要暖和才行。

以前為了不讓多餘的熱量散失，傳統韓式建築通常天花板都比較低矮、門窗範圍也比較小；怕地面太熱會傷到家具的木頭，因此家具通常都帶有「腳」，也盡可能「矮化」，餐桌變成了小矮桌，床也以打地鋪方式取代彈簧床。**韓劇裡也不難觀察到與其坐在椅子、沙發上，韓國人反而比較喜歡坐在地板上剝辣椒、看電視，家裡不擺沙發的也大有人在**；有些家庭即使有沙發，多數時間還是習慣坐在地上。此外，若來韓國旅遊，應該會發現韓式食堂有分地板座位及椅子座位，有些店甚至清一色全是地板座位。對於不習慣坐地上的外國人來說，無論採什麼坐姿，坐久了腳還是會發麻，同行者中若有行動不便的長者，在安排餐廳時需要特別留意。

旅遊訂房時，有機會看到飯店提供「溫突」房型，指的就是睡在有地下暖房的地板、鋪上被墊「打地鋪」的住宿方式。千萬不要認為這是種很窮酸的睡法，因為溫突房的價格跟一般有床的房間差不了多少，而且有些韓國長輩長年睡習慣這種「暖烘烘」的「地板床」，要他們睡彈簧床反而還不習慣呢！像公婆他們到現在還是睡在一種麥飯石板做成的床上，這種石板床內建發熱器

材，有些機種左右兩邊溫度都可調節；石板在夏天自然涼爽，也是一種以前溫突文化傳承下來的痕跡。若想體驗韓國人的生活，不妨選擇「溫突房」住看看，冬天在飯店裡盥洗衣物，洗完後鋪在地上，經過一個晚上就幾乎被烘乾了！

不過，濕答答的衣服可以在一夕之間全乾，也表示這種地下暖房會讓空氣變得乾燥，加上韓國原本濕度就比較低，冬天我們家的濕度器指針還會來到負的……如果冬天來韓國玩，一定要注意保濕，像是多喝水、戴口罩、擦護唇膏、身體乳、使用飯店的加濕器等，不要變成「乾弟弟」、「乾妹妹」了！還有，建議採用「洋蔥式穿法」，在戶外時穿戴手套、毛帽、圍巾、羽絨大衣……進室內後只留下裡面較輕薄的衣服，這些都是可以應付室內外溫差大的方法。冬天能做的活動及能看到的景色，都與夏天截然不同，只要做好保暖措施，再冷的天氣也都「凍」得住啦！

❄ 窗戶、陽台，通通雙層玻璃！

如同日本地震頻繁，日式建築很注重防震功能一樣，韓國由於氣候因素，韓式建築在「防寒對策」方面也下了許多功夫。除了地熱系統外，幾乎所有家庭的窗戶都有雙層，且有陽台包圍！

可以把它想像成漢字的「回」字，裡面的「口」是室內，外層是陽台。

現代建築的玻璃夾層陽台。

用陽台把室內圍住，阻隔室外冷空氣，才不至於過冷。大一點的房子，真的就有如「回」字一樣，每個房間外面都有一個陽台；小一點的房子，在所有房間的窗戶也都會裝上雙層玻璃窗抗寒。

　　韓國陽台和台灣、日本陽台不同的地方在於，韓國陽台是以玻璃窗隔住的，其實也可把它算為室內空間。台灣建築經常會在陽台裝上鐵窗防盜，想像鐵柵欄換成玻璃，大概就是韓國陽台的樣貌！日本因為常有地震，這樣的陽台在發生火災時會導致無法逃生，所以不被允許，但韓國鮮少地震，這樣的陽台優點反而多於缺點。

　　首先，就是「隔溫」啦！**除了斷絕外部冷空氣外，夏天戶外很熱時，這樣的設計也可以降低熱空氣對室內的影響**，冷氣溫度就不必調到太低，能達到節能效果；另外，也因為這樣的緩衝效果，寒帶國家冬天室內外溫差大，玻璃窗會結霜、產生露水導致窗戶下方膠條發霉的問題，也可以被改善。

　　再來，近年來國際關注的 —— 春季來自中國北方、蒙古等地的沙塵暴汙染，韓國也是受害國之一，這樣的陽台設計，可以減緩部分黃沙災害。此外，有孩子的家庭，會將這個空間鋪上塑膠地墊，天氣好的時候讓孩子在這塊區域曬太陽玩耍；有些家庭也會把它改造成 Home Café，不用出門就可以享受咖啡廳氣息。將這塊空間變成家庭菜園、種植盆栽的家庭也不在少數，料理時突然需要點香草植物點綴時，到陽台摘就可以了！對婆婆這種全職主婦來說，廚房外的陽台，冬天氣溫大多在 0 度上下，成為了天然冷藏庫，食物不用放冰箱自然就有保冰效果，許多人好奇的「泡

菜冰箱」也大多被放置在這裡。

對不良主婦來說，這種用窗戶圍起來的陽台，最大的好處就是「下雨天不用急著收衣服」啦！相信滿多人都有遇過外出時突然下起大雨，但家裡衣服曬在外面沒收，回家又得重洗一遍的慘事吧！如果懶惰一點，也可以直接把陽台曬衣架當成「開放式展示櫃」，想穿什麼到陽台去選就對了 XD

❄ 雪國冬天大小事

出生在亞熱帶國家的我們，對下雪總抱有無限想像，覺得在雪中牽起戀人的手散步很浪漫、看著窗外飄雪喝杯熱可可，是再幸福不過的事了！但對於出生在雪國的人來說，不但對雪景感到麻痺，下起大雪還是件令人頭痛的事。

「以前不會開車時，還沒這麼不喜歡下雪，自從開車之後，就很討厭下雪的日子！有一次下大雪在高速公路上動彈不得，整整兩小時都無法上廁所，那時真的快急死了！」文化課的嚴老師說。

而大韓民國的阿兵哥，最討厭的應該就是「剷雪」了，美男說他當兵時，整個冬天都在江原道剷雪。很多滑雪場都蓋在江原道，應該不難聯想那裡是全韓國雪下最多的地方。

以前在日本時，大概除了北海道、東北、北陸地區之外，其他地方很少降雪，若某一年冬天，雪不小心下得比歷年多，大雪那天首都圈交通就會大亂，很多便利商店物資無法送達，就會像台灣颱風來臨時，架上被搶購一空的模樣。

在韓國，冬天下雪就如同家常便飯，對應大雪的準備措施相較之下做得比較齊全，到了冬天，高速公路上不難看見融雪包的蹤影，只要開始積雪，路旁備用的融雪包就可以立刻派上用場。

下雪天，在日本可能還會有點興致在家門前堆雪人，以前我就很常三更半夜跑出去公寓外面堆雪人；在韓國的話，心態大概就是「不要滑倒就很不錯了！」（掩嘴偷笑）在韓國遇到下雪或是下雪過後，氣溫通常會持續在零下狀態，雪即使融化了，有些還是會繼續以冰塊狀存在，若走路沒注意，非常容易滑倒！NANA就有很多次差點滑倒的經驗，如果不小心滑倒，請把它想像成天然溜冰場，來個花式滑冰炫技一下再帥氣地爬起來吧（笑）。

因冬天過冷所造成的困擾事，還有「食物有點難煮熟」這點。韓國人喜歡吃醃製泡菜、拌菜這些冷料理，一次大量做好存放在保鮮盒，要吃的時候再從冰箱裡拿出來裝盤，因此韓國主婦們大概還沒有這麼深刻體悟；對於習慣吃熱炒、煲湯的華人朋友來說，可能就有點麻煩了，冬天會需要花比平常更多的時間、燃料來熬煮。原先我有點擔心韓國冬天這麼冷，會不會買不到新鮮蔬菜，是不是真的要像阿珠罵們一樣，先在秋天時把蔬菜曬乾準備過冬糧食？不過，**經歷了幾個冬天，發現其實現在有溫室栽培，即使氣溫一直在零下，基本蔬果都還是有辦法取得。**

另外，再教各位一個冬天室內防寒小撇步！每到冬天，韓國賣場都會推出整捲的「**氣泡紙**」，就是包裝時為了保護物品會用到的耗材，捏下去會「啵」一聲，很有爽快感的那種。在韓國有賣防寒專用的，只要在窗戶噴上一點水，氣泡紙就可以輕易黏上，

有些廠牌甚至推出可愛卡通造型人物款，除了防寒還兼具美觀作用。之前有電視節目討論，**只要在家中窗戶做上這一個小動作，室內溫度就可以上升2～3度**，是種便捷且不需花太多錢就可以保暖的豆知識。現在網路購物盛行，也許可以把手邊多餘的氣泡紙拿來貼貼看，以我們家測試的結果，個人覺得還不錯，不無小補！而且透明的氣泡紙也不太會影響到戶外光照，室內還是可以保持明亮。

其他像是冬天在韓國高速公路休息站或一些店家，有機會看到一堆人圍在大型業務用的煤油暖氣機前搓手取暖。在天寒地凍的季節，還真要感謝發明這些電器的人們啊～有些店家還會利用暖氣機的

1 冬天路旁的備用融雪包。2 路面凍結。3 各式卡通圖樣的防寒用氣泡紙。

高速公路休息站內的大型暖氣設備。

餘熱煮開水或是烤食物，是不是有種一箭雙鵰的感覺 XD 在韓國冬天有很多有趣的光景，對我們這種出生在南國的孩子來說，處處都新奇！

　　最後還想推薦大家，冬天來韓國時一定要去「布帳馬車」（포장마차）體驗平民美食，它其實就像我們的「路邊攤」、「移動攤販」，會賣一些辣炒年糕、血腸、炸天婦羅、關東煮等小吃，冬天氣溫太低或是下雨天時，會用塑膠罩把整個攤位罩住，個人覺得非常有氣氛！布帳馬車通常沒有座位，需要站著吃，而大多客人也是吃完就走，不會停留太久。外頭下著雪，和戀人在布帳馬車裡喝杯關東煮熱湯，身體暖、心也跟著暖了：)

❄ 不是每個家庭都有裝冷氣

　　有一次，在粉絲團裡分享「韓國人不是家家戶戶都有裝冷氣」這件事時，引起了很大迴響。對於台灣朋友來說，家裡沒有冷氣很難度過夏天，一戶有個 3、4 台冷氣也不是什麼稀奇事。反觀韓國，真的不是所有家庭都有安裝冷氣。

　　韓國雖然也有賣壁掛的「分離式」冷氣，但這種機型比較適用

在 Hotel、One Room、考試院這種小坪數的住宿空間,一般家庭比較普及的是一種長、寬、高約 37cm×30cm×190cm 的「直立式」冷氣,這個尺寸算是較節省空間的新機種,舊式機種的體型比這個更巨大。現代韓國人偏好住大樓,整個家是一個平面空間,將這種直立式冷氣擺在客廳,讓冷風分流到各房間,是用一台冷氣吹整家的概念。2014 年我剛來韓國時,這樣的直立式冷氣價格約韓幣 200 萬(約新台幣 58,260 元),2017 年最新產品來到 400 萬(約新台幣 116,520 元)上下,目前仍持續上漲中。通常這樣的價格還會附帶一台分離式冷氣,可安裝在主臥室,有裝冷氣的家庭,大概整個屋裡就是這樣一大一小,共兩台。當時新居剛落成的我們,覺得將這麼大一台冷氣擺在客廳,一年又吹不了幾

「竹婦人」也是陪伴韓國民眾度過夏天的好夥伴!

個月，很佔空間又影響美觀，因此一直處於觀望狀態。

問了身邊的一些朋友，滿多新婚夫妻一開始也是選擇不購買冷氣，等孩子出生後才入手。根據不良主婦平常在社區閒晃的觀察，我們洞內小區，大約 7～8 成左右的住戶有裝設冷氣。為什麼會有這種現象呢？我想跟韓國氣候有一定的關係。受訪的朋友裡，滿多人提到大概一直到 2013、2014 年之前，夏天都還處在「可以忍受」的熱度，晚上睡覺只要把家裡窗戶打開，吹吹電扇就很涼爽了。但最近幾年，真的越來越熱了⋯⋯

2017 年首爾市的酷暑注意報加上警報共為 33 天[註1]，**夜晚氣溫超過 25℃ 會令人難以入睡的「熱帶夜晚」**（열대야）**則為 19 天；**然而某天無意間在購物台轉到的快閃數據，以前整年需要使用冷氣的天數是 9.8 天，現在變成了 22.4 天，整整增加了兩倍多！雖然無法得知購物台的數據是以什麼樣的基準來統計，但無論是哪一組數據，跟亞熱帶國家的我們比起來是「小巫見大巫」吧！

因為全球暖化，最近韓國的夏天到了 7、8 月也會跟台灣一樣又濕又熱到難受的程度，也常常聽到韓國人在抱怨：「快要熱死了！」冷氣賣場大概從 6 月開始銷售量就非常好，實際購買後到技師來安裝，少說也要等上 1～2 星期。還記得 2016 年 8 月底某一晚，那時妹妹剛好來我們家，美男、妹妹、我三個人熱到捨棄床鋪，直接投向地板懷抱 T＿＿T；但在 2017 年時以韓國北部地區來說，真正「台灣人」會感到熱的天氣大概只有一個月左右吧！八月中開始就幾乎早晚都有些涼意了⋯⋯如果是各位，會想要「買」冷氣嗎？還是覺得就一、兩個月，忍忍就過了呢？

另一個左右韓國人是否購買冷氣的關鍵，我想是「**頻繁搬家**」。由於韓國特有的租房制度，導致滿多家庭每兩年就得搬一次家；**每搬一次家，冷氣移機費大約是韓幣 20 ～ 30 萬左右（約新台幣 5,826 ～ 8,739 元）**，若遇到新家格局需要加長冷氣管線或是需要另設室外機框架的狀況，費用又會增加，這樣的移機費就差不多可以再買一台分離式冷氣了。有一些新蓋建築，會內建類似中央空調冷房，不過也不是免費贈送，而是在購屋時需另外加購，但內建式的空調，在搬家時也會面臨是否需購買新機的抉擇！

　　香港讀者們對於租房時沒附冷氣這件事感到頗訝異，據說香港租房一定都會附帶冷氣，不過我想就像是現代韓式建築 100% 會有地熱設備一樣，因為氣候不同，「季節必需品」也會跟著不同啊 >/////<

　　「啊～明年一定要買冷氣！」望著賣場裡的大型冷氣，有時還是被熱到瘋了的 NANA 的小小心願。

韓國家庭多使用這種
直立式冷氣。

註1：6 ～ 9 月夏季期間，預期會連續 2 天以上當日最高溫超過 33℃，韓國氣象局就會發布「酷暑注意報」；連續 2 天以上會超過 35℃，則發布「酷暑警報」。

在韓國搭公車才是王道！

住在日本時，因鐵路網普及，搭上電車幾乎什麼地方都到得了，日本鐵路的準時率也是世界知名，只要不發生特殊狀況，基本上時刻表寫幾點發車，電車就一定會是那個時間開走。

來到韓國後，可就不是這麼一回事了：（

 韓國公車，FreeStyle！

搬來這裡後，我開始在地方的多元文化中心上免費韓語課程，每次出門一趟，除了得費上好大一番工夫外，最感到困擾的就是「公車不知道什麼時候會來」！

有時等半小時甚至一小時都還不見蹤影，剛從日本移居過來，看在對守時有極度要求的人眼裡，根本是件很荒謬的事！難道公車都沒有時刻表的嗎？

和公車司機要了時刻表後，雖說有了大概時間可「參考」，實際上要不要準時出發或要不要準時到達，都還是得看司機大人的「奇檬子」（日文：気持ち，心情之意）來決定！有時還沒到表定時間它就開走了，不是在馬路上演追公車戲碼，就是再花個 20 分鐘苦

等下一班。

　　對於住在首爾、釜山這兩大都市的人來說，地鐵系統發達，交通不便這件事可能還沒能深刻體會；對於住在郊區的人們來說，出門除了靠雙腳，要不就是自行開車，再來就是搭公車了！

公車便利度勝於鐵道

　　韓國的地鐵系統目前只在幾個重點都市有建設，**相較於地鐵或一般鐵路，公車及巴士反而較能深入連結各地域，是滲透國民生活的「庶民代表」交通工具。**

　　「大韓民國 Bus 才是最棒的啊！」和我一起上課，來自烏茲別克的同學她老公在放學載我們回家的路上這麼說。

　　除了偶爾有這種免費友情接送之外，平常要出門時，還是乘坐公車居多，即使要去搭地鐵，也都得先坐一段公車才能到地鐵站轉乘。也因為公車路線密集，在韓國各地的公車／巴士種類非常豐富。

廣域巴士在車窗前會顯示所剩空位。

依照地區不同，分類方式可能有些許差異，以下就用首爾地區來舉例吧！2004年7月1日開始，首爾特別市按照公車及巴士運行特性，改編成下列幾個類別：

幹線公車（간선버스）：連結首爾市外圍、都心與副都心，行經路線以主要幹道為主，車身為藍色。

支線公車（지선버스）：連結幹線公車或地鐵站，讓地域間轉乘更加便利，車身為綠色。

循環公車（순환버스）：主要在都心與副都心內的商業、觀光、購物地帶循環行駛，車身為黃色。

廣域巴士（광역버스）：連結首爾及其周邊衛星城市，相較於其他車種，屬於速度較快的巴士，車身為紅色。

穿梭在一般公車無法抵達之地域的小型社區公車。

除了上述 4 種以外，還有：

社區公車（마을버스）：輔助支線公車，主要行駛在各住宅社區及地鐵站間的小型公車，車身為綠色。

深夜公車（심야버스）：在 23:30 ～ 06:00 間運行的凌晨公車，公車號碼前面有標示「N」字，車身為藍色，別稱「貓頭鷹公車」。

深夜公車從 2013 年 9 月 12 日開始正式運行，共有 9 條路線，讓晚歸民眾也能順利回家。乘車費用，以交通卡支付時，成人價格目前為韓幣 2,150（約新台幣 63 元），雖然較一般公車收費高，但對於坐計程車有恐懼的朋友來說，貓頭鷹公車顯得可愛多了，也能替荷包省下不少費用。

上面的介紹看起來太官方，來個白話版的吧！不良主婦今天從家裡出門，首先得搭小型社區公車到支線公車站牌去換車，根據目的地的不同，可能還需要轉乘幹線公車或是直接坐到地鐵站換

1 公車刷卡面板。2 公車乘車處樣貌。

地鐵。假設今天要帶朋友去觀光勝地光化門參觀，那就可以利用循環公車；如果是要出首爾到隔壁的京畿道找朋友，可能就需要搭乘廣域巴士。萬一在東大門血拼到半夜沒地鐵可回家時，就可以利用深夜公車回家，大概是這樣～

　　搭乘韓國公車時上車＆下車都要刷卡片，雖然直接投現金也行，不過強烈建議購買一張交通卡，如：T-money、cash bee 這類的電子支付卡。除了可以不用帶一堆零錢在身上，**使用交通卡支付也會比用現金來得優惠，而且不同公車換乘或是從公車轉地鐵，都可享有轉乘優惠**，這也就是為什麼上下公車時都要刷卡的原因啦！用卡片才有辦法記錄。

　　這些電子支付卡，在貼有 T-money、cash bee 標誌的便利商店及地鐵站都可以購買和加值。使用方式同台灣的悠遊卡、一卡通，日本的 Suica、PASMO 卡一樣，相信大家都很熟悉，若想了解更多，也可到韓國觀光公社的網站查詢喔！

Google 大神失靈了！

　　前面提到等公車等到火大的例子，就是社區公車。社區公車大部分行駛在一般市內公車無法抵達的區域，這類公車以往用手機 APP 查不到即時動態，只能在站牌旁等待它出現，不過最近這個問題有逐漸被改善。

　　現在大部分都可以透過智慧型手機軟體來追蹤預定乘坐的公車，如目前開到哪一站、還有幾分鐘抵達、行經路線等資訊。除了

冷門一點的小站外，大多站牌也都設有電子看板，可以一目了然地看到停靠該站的所有公車還有幾分鐘會到達、即將進站的是幾號公車等，相當方便。有些公車也設有時刻表，不過真的只能「參考用」，因為韓國公車實在太多了，路況也比較難掌握，很難保證什麼時刻就「一定」會到達；但也由於公車數量多，除了非尖峰時段外，班次都還滿多的，通常不用等太久就可以搭上。

接下來介紹幾個韓國實用的地圖 APP 吧！也許大家會有個疑問：「用 Google Map 不就好了嗎？」在日本時我也是 Google 大神的愛用者：「前方 500 公尺處，向右轉，目的地就在您的左手邊！」對於路痴來說那導航功能真是「神樣」般地存在啊！來到韓國後，雖然不是完全不能用，但可能會察覺裡面的地圖資訊變得不是那麼精準了。

南韓和北韓因為政治情勢關係，南韓政府認為若將這些詳盡地圖資訊公開至全世界，對於國家的安全保障恐受影響，因此在 2016 年 6 月，美國 Google 公司向韓國政府申請提供地圖資料時，最終還是被拒絕了。也因為這樣，當全世界都在瘋狂抓寶時，我們住在韓國的人可是活生生地比各位晚了半年才能踏上馴獸師這條路呢！（淚）

🚌 會坐韓國公車＝半個在地人

回歸正題，若到韓國旅遊或在這裡生活時遇到需要找路、查詢如何搭乘大眾交通運輸工具時，推薦的是**由韓國公司所開發的「Naver」跟「KakaoMap」地圖（電腦版為 Daum Map）**。近年

來是 Naver 人氣較高，不過 Kakao 的支持者也不少，可以兩種都下載試用看看，看哪個比較順手就用哪個！

在 APP 裡輸入出發地點與目的地之後，就有「開車」、「大眾交通運輸」、「徒步」……等選項可選，接著它就會「案內」從現在位置要如何行駛或走到哪個地點搭公車、搭幾號可以抵達目的地。若是坐廣域巴士這種相較一般公車來說行駛路途較遠的客運，連那台車還剩下幾個空位，都可透過 APP 事先得知，這班車客滿了再搭下一班就好，這點不愧是 IT 大國啊！

But（← 巴特出現了），必須坦白說，對於不會韓文的人，要查詢及看懂這些資訊真的有點困難，難度大概是四顆星吧！NANA

1、2 公車內部圖。3 可透過電子看板得知停靠此站公車的即時動態。

也不是一來就馬上會使用這些，也是寒窗苦讀韓文，認識字之後才慢慢開始用的啦！[註1]

　　在文盲階段時，都是請美男幫我查好，用最原始的方式「寫在紙上」，才能上演一個人在韓國的歷險記，如果各位也是韓文初心者，建議可以事前做好功課，所謂「有志者事竟成」，相信只要有心一定都可以辦到！如果怕坐錯方向，或不知道什麼時候該下車，也都可以把紙條遞給司機或旁邊的乘客看，請他們幫忙。大部分的公車上也都會有看板顯示即將停靠的是哪一站、下一站停靠的又是哪一站，這時也可拿出準備好的 Memo，雖然看不懂韓文，但比對一下筆劃＆形狀應該也能夠判別是不是自己要下車的那一站。

　　其實真的不用太擔心，坐車時，偶爾也會遇到對公車路線不是那麼熟悉的阿糾西、阿珠罵們，也都照搭不誤沒在怕的！他們都

1 從前門上車、後門下車。2 尖峰時段連公車都有可能塞車喔！

很大方地會去問司機如何轉乘、去哪裡要在哪一站下車。有時司機還沒開口，其他熱心乘客們就搶著回答了呢！

招攬公車的方式，在日韓都一樣，不太需要「招手」，當要搭乘的那台車快進站時，只要身體稍微往前站，示意「我要搭！我要搭！」的感覺，公車司機就會知道要停下來了。比較多人乘坐的站，有時可能會發現公車一來韓國人都爭先恐後要擠上車，不排隊的！這時我們也要拿出台灣人的精神，「輸人不輸陣」跟著擠上去就對了 >//////<

要下車時，提早一點按自己所在位置附近的下車鈴，接著到後車門附近 Standby（從前門上車、後門下車），韓國公車司機比較「有個性」一點，很少會像日本那樣等車子靠邊停好後才讓旅客站起來，有時若沒有事先在下車門附近等，錯過下車時機，就只能多坐一站在下一站下車了。有時也會發生司機恍神忘記開車門的窘事，這時可以大叫「阿糾西，讓我下車！」（아저씨 내려주세요！）或者就當運動，從下一站再走回來吧 XD

學會坐韓國公車，就要恭喜可以媲美半個在地人了。雖然跨出第一步需要點勇氣，但搭乘公車，真的比較能夠直接抵達想去的地方。使用地鐵若需轉車，要走的路也會多一點。由於公車空間有限、熱門時段利用者也多，若攜帶大件行李，就比較不建議搭乘。

搭公車，能看到與地鐵冷漠感不同的另一城市風貌、下町風情。

搭公車，能聽到阿珠罵們閒話家常，彷彿自己也融入了當地生活。

下一趟旅行，不妨試著乘坐公車，如何呢？

 道路上的地獄使者

翁罵在一次旅行途中，搭乘的巴士與大貨車在沒有信號燈的十字路口撞擊，導致巴士車身翻覆拖行，沒繫上安全帶的她，成為這次車禍裡受傷程度最嚴重的前五名「重患者」。雖然很幸運地從鬼門關逃過一劫，但對身體所造成的傷害已無法挽回……

在韓國，「開車」是許多人的交通方式首選，不用浪費時間等公車、不用走一大段路到公車站牌、還可以直接從家裡出發……因此每戶人家擁有一台以上的汽車是很普遍的現象。但也因為這樣，只要假日或是逢年過節，高速公路堵車的情況就會非常嚴重。

高速巴士（고속버스），我想就是用來解救在高速公路堵車陣中動彈不得的「百姓救星」吧！韓國最主要的一條京釜高速公路，有開放一道是 7:00 ～ 21:00 這段時間，專門給巴士行駛的車道。當小客車在高速公路上擠得水洩不通時，高速巴士卻能在巴士專用道上暢行無阻！

像翁罵這樣不會開車或是不想花好幾個小時卡在堵車陣中的人，長途旅行就會利用高速巴士。以台灣來說，韓國高速巴士比較接近飛 X、阿 X 哈這類國道、長途客運公司，但韓國的高速巴士種類又更多樣化，有一般、優等、Premium 等，類別眾多。

曾經看過一篇韓國網友寫的關於日韓兩國巴士、公車比較的文章，在文章裡這位網友提出一些日韓巴士的差別，文末他認為韓國的比較好，原因是「比較快」。各位看倌先別動怒，實際問了一些朋友後，大家給的答案都是：**「比起速度，安全更重要。」**

若有乘坐過韓國公車或巴士，應該會有個感想：「哇，也太胡來了吧！」好像公車就是道路王者，大家非得讓它不可。妹妹在台灣是個公車愛用族，之前她來韓國玩，我們利用公車趴趴走時，她也覺得韓國公車真的粉、厲、害！速度開很快、沒等客人坐好就出發、非常搖晃、遇到坑洞也毫不猶豫地「砰～～～」下去，彷彿在坐遊樂設施一般。會有如此現象，我想跟韓國人的急性子（빨리빨리文化）有一定關係。

　　在台灣也有很多這樣的例子，和翁罵一樣發生遊覽車事故的新聞相信大家也看多了，有時真的是天命，遇到了沒辦法，但有更多時候是可以預防的。不只搭乘大眾運輸，包含自駕或騎機車時，只要多留意周邊，很多狀況是可以避免的，像「安全帶」就是個很好的保命工具。「開車不喝酒，喝酒不開車」這類的話已是老生常談，但身為重大車禍受害者的家屬，真的要奉勸大家注意行車安全，不要為了趕時間而逞一時之快。當發生事故時，痛苦的不只有當事者，整個家族都可能因為這樣而改變了原本的生活。

直接從行駛車道垂直切入的
「霸王」社區公車。

 **在韓國騎機車，太危險了吧！**

早期等公車等到很火大時，曾經想過「在韓國騎歐兜拜」，畢竟有台機車，不但可以省下很多時間，隨時想要買個什麼東西，油門一催馬上就可以出發了！

我們熟悉的一些台灣、日本機車大廠，在韓國也都有販售。只不過如果各位有留意，在韓國騎機車的人大多是「食物外送阿糾西」或「東大門附近送貨的大叔們」，因為追求「快速」送達客人手中，能穿越大街小巷的歐兜拜是很好的交通工具。

至於為何沒有普及到一般民眾呢？我想**與冬天氣候寒冷有一定關係，天寒地凍再騎歐兜拜可能導致打滑，危險性大幅增高**。美男有一位同事，為了追求方便曾試著用摩托車通勤，他說白天有太陽時還好，晚上回家時真的是「冷、斃、了」！他用「差點死了」這個詞來形容，只試了一個月就舉手投降。

另外，在韓國使用機車的人佔極少數，雖說一般在路上騎沒什麼問題，但由於韓國大多還是以開車為主，駕駛不一定知道要如何閃避路旁的機車，**對於機車也沒有健全的相關法規**。如果不幸發生事故，可能就會造成比較大的問題，這也是我後來打消在韓國騎機車這個念頭的原因。

騎著小噗噗兜風 —— 還是留到回台灣時再做吧！ XD

※ 本篇所記載之內容為 2017 年 10 月調查之資訊，隨時有變動的可能。

歐兜拜，在韓國多為外送業者使用，並未普及到一般大眾。

註1：2018年開始，Naver Map能對應簡體中文、日文、英文的使用者介面囉！雖然沒有像韓文版那麼卓越，但相信這些韓國本土地圖軟體未來會越來越優化，造福更多外國使用者的！

Chapter
4

拋開成見
——韓國人的「真面目」

美女
都只出現在電視上嗎？

搬來韓國沒多久的某天，美男和我搭地鐵到永登浦站，出站後我們往時代廣場方向走，準備過斑馬線時，無意間回頭一看⋯⋯

「媽呀！是看到鬼喔！？這小妞也塗得太白了吧！臉像白紙一樣『潔白』，嘴唇非常『鮮紅』，頭髮還是直長『黑髮』⋯⋯」有種錯覺是來到京都了嗎？那畫面至今都還十分鮮明⋯⋯

那天我完全被嚇到了，從日本過來沒幾天，還停留在 JP 模式的我，這種韓式時尚和在日本看到的流行完全不同，違和感直到半年後才慢慢「習慣」。

🌸 櫻花妹、泡菜妞，妳是哪一派？

NANA 是一個極度喜歡血拼的「購物中毒」份子，俗稱「瞎買團」成員的那種！小時候當媽媽跟屁蟲一起逛百貨公司；高中放學後沒事就和死黨去新崛江「人間觀察」，喔，不！是「時尚觀察」啦！雖然我的體型沒有麻豆纖細、氣場也不如高級時裝雜誌般霸氣，但對於自己的穿著打扮，還是有那麼一點「執著」，即使別人看不懂，也都是有用心搭配過才走出家門的啦！還沒來韓國之

聚集了所有知名美妝、服飾品牌的明洞，是外國遊客一定會造訪的觀光勝地。

前，韓式時尚給我的印象，是很多衣服適合當作職場服，剪裁簡約大方，有雪紡材質的上衣、西裝外套、褲裝、裙裝，不過於正式又不會太邋遢。只有一點比較殘念，韓版服飾若要穿得瀟灑、好看，好像要有那麼一點「身高」跟「身材」，對於不到 160cm 的哈比族來說，就很需要認真挑款了！（淚）

　　在閱覽無數（疑？）日本妹＆韓國妹後，我將她們從頭到腳、徹徹底底地解〜析〜了一下，典型這兩國妹子從外觀上就有明顯差異，請聽 NANA 娓娓道來！大家也可以來看看自己是屬於哪一派 >/////<

櫻花妹：

＊髮色多為淺色系，很會編髮、用電棒變換造型

＊身上有許多配飾

＊修眉、細眉

＊喜歡粉感底妝

＊強調大眼妝感

＊腮紅塗得很明顯

＊小虎牙、牙齒不太整齊

＊多元化打扮，不同地區風格完全不一樣

＊擅長修飾自己身材

＊包包很像百寶箱，裝滿各種化妝道具、小物

＊著有跟鞋居多

泡菜妞：

＊髮色暗色系居多，大多為無層次的齊長髮

＊較少著用飾品。哈利波特眼鏡很醒目

＊強調自然、透明皮膚的妝感。愛用氣墊粉餅打底

＊不太上睫毛膏，以眼線替代

＊平眉、粗眉

＊喜歡鮮紅色系口紅

＊重視牙齒保健、整齊感

＊只要當下流行什麼，大家一窩蜂都會變成那樣

＊強調性感、露出身材曲線的服裝

＊運動、簡約風

＊手拿包通常都很小，只能裝手機及幾樣補妝道具

＊塗指甲油很正常

＊著運動鞋、平底鞋居多

　有一點比較相似的是，兩國女孩「布丁頭」機率都比台灣還要少，看來這兩國女孩上美髮院的次數都還滿頻繁的（笑）！不過，日韓女生又不是機器人，當然不是所有人100%都是上述那樣「標準生產」模式複製出來，現在網路非常發達，加上全世界真的「韓流當道」，日本近兩、三年來的服裝潮流，或多或少都有受韓國影響，而且有些哈韓的日本年輕女生，也會刻意把自己裝扮成韓妞模樣。

　除了外表之外，還可以從對方的一舉一動來推測出她是哪國人。日本女生比較嬌小可愛、韓國女生走性感冷酷路線；日本女生抽菸相較之下比較「大丈夫」（沒關係）、韓國女生就會遭世俗嚴厲看待；日本女生講話會一直稱讚「卡哇伊～Ne」、韓國女生口氣「呀！找死嗎？」比較強勢；日本女生走路內八字、韓國女生就比較堂堂正正走路有風的感覺；日本女生不太會倆倆手牽手一起走、韓國女生則認為這是感情好的表現……諸如此類。觀光地區的店員們，每天看太多來來去去的各國遊客，應該有8成以上可以正確分辨經過的是哪國人，馬上用該國的語言打招呼，這樣是不是可以說明每個民族都有自己的特色、和其他國家不同之處？

　大約從5、6年前開始，NANA久久返鄉一趟，突然聽到店家播放的都變成韓國流行音樂，藥妝店也開始引進韓國的洗髮精、彩妝用品，新崛江已被韓風服飾佔據，路上年輕女孩紛紛模仿起韓

妝妝容。當年充滿日本舶來品的「西門『新宿』」變成了「西門『明洞』」，雖然還是同一棟建築、名字也還是「西門新宿」，不過裡面賣日貨的店家已寥寥可數，和年輕族群提到「日本」這個國家，大多沒有特殊情感，「哈日」已成為七年級生的回憶，不得不承認，歲月轉變真是很殘酷啊……

曾經在日本電視節目上看過一句話：「在澀谷看到的那些時髦年輕人，其實都是從地方來的，因為不想讓別人識破是個『鄉下俗』，所以努力裝扮自己，讓自己看起來很時尚，真正的東京人是不會這樣的。」以前我也因為不想被看穿是「外國人」，盡可能將自己打扮得跟日本人一模一樣，不過就算外表、行為舉止模仿到極致，骨子裡終究還是「Made in TAIWAN」，這是無法改變的事實。「流行」、「風潮」就像哈日族一樣，總有過去的一天，不一味追求、效仿別人，挑選適合自己的單品，「自我流」我想才是能永垂不朽的「經典款」。

❀ 美妝大國 —— 男生女生都愛美！

會接觸到韓國美妝，是因為一起到中國出差過的日本 M 姐姐在回國前，把她用不完的試用品留給我，開啟了這條不歸路。M 姐姐曾在日本大手化妝品公司工作過，很好奇從事過相關行業的她，怎麼會喜歡用韓國保養品呢？

後來只要到韓國找美男，一定會到美妝店採買，各牌暢銷產品都給它買個一輪，瘋狂到有時要上班不能陪我一起逛街的美男，下班後看到一袋袋「戰利品」，不禁驚呼到底是怎麼從首爾「扛」

1 美妝品牌常會推出應景的季節限定商品。2 各家品牌也會找知名明星代言。3 適合當伴手禮的「城市」護手霜組合。

回來的！（迷之聲：有 Shopping Power 就扛得回來啦！）應該有非常多人都有過同樣的經驗吧 XD

　　韓國美妝其中一項行銷策略就是購買產品後，或多或少會贈送「試用包」讓客人試用同品牌其他的明星商品，先試用過覺得不錯下次再回購，這也是種讓顧客回流的辦法，和其他國家的行銷手法很不一樣。有時在台灣想跟專櫃小姐要個試用包，不僅要填個人資料，還得看櫃姐「心情」，相較之下韓國在這方面顯得很大器。想替韓國美妝品牌申冤一下，「送」試用包並不是種義務，有時品牌折扣到很低，就不會再另外贈送試用包給客人了，不要有種「本來就應該給」的心態，這樣就有點本末倒置啦！

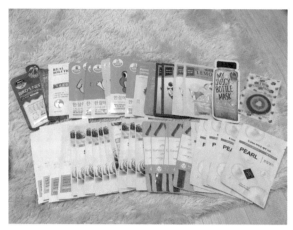

韓國面膜種類多元。

　　一次性或短期使用的試用包，在旅行時非常派得上用場，不用攜帶大量瓶瓶罐罐出遊，用完還可以直接拋棄，節省行李空間帶更多戰利品回來（誤）！如果問當時的我韓國和日本保養品的差異，我應該會回答**「CP 值很高」**吧！價位比日本保養品低但成效顯著。雖然有些日本網民會認為韓國保養品「成分危險」、「標示不符合實際功效」，但這就真的見仁見智囉！每個國家品管標準不一，加上「別人的蜜糖」有可能是「我的毒藥」，每個人膚質不同，與其比較哪一國的產品好不好，還是找尋適合自己的「心頭好」咖實在啦！後來家裡化妝台逐漸被韓妝大軍侵略，不得不說韓國人真的很可怕，從各種角度佔領我們的生活，用軟實力征服世界。

　　搬到韓國後，雖然不會像以前一樣「大量囤貨」，但由於「唾手可得」，只要一有折扣，就會手刀衝去店裡帶回家：1 ＋ 1、Big Sale、會員折扣日……看到這種關鍵字就會失去理智，好像也沒有

比較省荷包，有時都會不禁感嘆自己到底是有幾張臉啊（泣）！韓國美妝品牌非常多，各品牌擅長的領域也不同，天然、有機、漢方、醫生研發、主攻彩妝、卡通人物聯名……各種名目無非就是要讓女孩們鬼打牆，即使有相同產品、類似色系還是想再掏錢購買！網路上也有很多韓國 YouTuber 分享彩妝技巧、開箱、試色文，以及如同韓版的《女人我最大》──《Get it Beauty》，在電視上宣傳最新美妝、流行、健身知識。如果印象還停留在「漂亮、英俊的韓國人都只出現在電視上」，那真的要說聲 Sorry 有點「落伍」了喔！韓國女生對於「美」也是非常講究的，也可以說**因為整體風氣很注重「外表」，有姣好外貌的人比較容易找到工作、在社會地位上也比較吃香**，重視自己「形象管理」的人就越來越多了！

除了靠彩妝品、保養品從外在修飾，韓國人還滿在意「自然美」、「自信美」。**如果說日本女性的減肥方法是「節食」的話，那麼韓國女性就是「健身」吧！**韓國人是個非常喜歡運動的民族，多數住宅區的小公園裡，都設有免費運動器材供居民們使用，除了一般私人健身房之外，在「住民中心」、「洞事務所」^{（註1）}這

1 韓國街頭常可見到 1＋1 的標誌，意指「買一送一」。2 讓人無法招架的促銷活動。

公營單位附屬的健身設施。

類公家單位，只要付些許費用，就可以使用它們所附的健身房。根據自己這短短幾年的觀察，利用人數還不算少喔！曾經有日本市調公司針對日韓 20 ～ 40 歲女性做問卷，日本女性每天平均花 34 分鐘在美容保養上，韓國女性卻是 68 分鐘，整整差了兩倍。

　　從我們決定好婚期的半年前開始，身旁的韓國姐姐、婚顧就開始督促我要常敷面膜、按摩臉部，這一點一滴、日積月累的小動作，都是擁有「水潤光澤皮膚」的關鍵。雖然韓國氣候冷，本來韓妞皮膚就會比熱帶國家的人好，「零毛孔」的陶瓷肌令人稱羨，但後天的努力也不能鬆懈。此外，也有人說像泡菜這類的發酵食品，以及韓國傳統茶 —— 五味子、大棗茶、柚子茶等，都是會從體內影響美的因素。還有三溫暖和汗蒸幕，也都是韓國女性保養皮膚的小秘招喔！老祖宗不是告訴我們：「世上沒有醜女人，只

有懶女人。」就是這個道理啦！

在韓國不僅是女性，連男性都很「愛美」，每個品牌幾乎都有推出「Men's 系列」，聽說韓國男性保養品銷售額是全世界第一位呢！有些人可能會認為男生擦保養品很「娘」，但愛護自己的肌膚沒什麼不對，且韓國氣候較乾，如果不保養，路上大概會出現一堆「乾弟弟」吧！而一般在皮膚科裡，女性還是佔多數，不過也很常見到男生和女朋友一起來做醫美。

以前和韓國成員一起工作時，大家都流傳：「下班後如果有事要找他們，到飯店附屬的健身房去找人就對了！」這話一點也不假。下班後，每個人都在跑步機那「跑、跑、跑」，他們也時常捏我手臂下的蝴蝶袖示意：「NANA，妳這該練一練了！」每次經過這些男孩們身旁總是會聞到淡淡的香味，一直以為他們擦香水，後來才知道，原來那是保養品的香味。

各位女性同胞們，韓國連男生都這麼勤奮保養了，身為女性的我們怎麼能輸呢？還在猶豫什麼？快拿起手邊的面膜敷一下吧！

❀ 席捲世界的 K-Fashion

韓國衣服很好買，尤其那簡潔俐落的風衣外套，穿上去帥氣度爆表，瞬間從凡人升級型男靚女！早期韓國為世界許多服飾品牌做代工，**「質料好但價錢不貴」是許多人對韓國成衣的印象**。「東大門」這個地方，就算從沒到過韓國的人也都聽過，來自全球的賣家紛紛到此批貨，在這小小一塊區域，有專門零售給一般客人的商店，也有 B2B 店家對店家的銷售，連衣服的布料、配件、蕾

1、2 地下商場是撿便宜的好所在。3 照顏色分類是韓國服飾業的特色。4 美妝店提供客人試用的拋棄式眼影棒、卸妝棉。

絲,皮件的皮革、金屬零件等都有辦法在此區入手。除此之外,周邊一間間成衣工廠、上萬名設計師,只要設計圖出來,馬上就有人可以將它打樣成品,24 小時之內,就能生產出一件新衣服;物流商也隨時在旁 Standby,即時將熱騰騰剛到手的最新流行商品運送至國外。

對觀光客來說,「東大門」也許不是最佳購物地點,以批發為

大宗的東大門市場，商家很難有「空閒」去招呼散客。我曾在東大門買過衣服，除了價錢不一定比外面店家便宜外，店員的態度通常不會很好，有時問價錢沒買，店員還會不太開心，也不能一直拿在身上比來比去，甚至不小心還會發生在韓國本地買跟在國外買空運的「正韓」貨價錢差不多！若說東大門是服飾批發聖地，那「南大門」就是「飾品批發」集散地。帶日韓貨的朋友說，有次在南大門的店家看過日本原宿竹下通知名飾品店的店員在批貨，但人家坐飛機帶回日本賣，竟然還有辦法賣得比在韓國當地直接買便宜，這是什麼道理啊～

如果要我推薦，**會建議大家去「地下街」或「百貨公司」購買！**日本的百貨公司在換季折扣時，都可以用很低的價格買到所謂的「品牌服飾」，但在韓國的百貨公司，會看到價格「夭壽貴」，根本是貴婦級的人才買得起。不過後來我發現，越往高樓層走，價錢會變得可愛一點！雖然和地下街相比，有時候設計看起來非常相似的衣服，在地下街只要韓幣 3 萬（約新台幣 874 元），百貨公司卻要賣到韓幣 5 萬（約新台幣 1,457 元）。但實際摸了布料後，會發現質感有差，可以按照自己的需求購買。若穿個一、兩季就會膩的人，建議在地下街購買；若追求質感，不妨到百貨公司逛逛看！

韓國成衣業有個「奇妙」之處，就是網購有時候光從照片上看，真的分辨不出 A 店和 B 店賣的有什麼不一樣？但價錢卻差很大。往往以小資女的心態，就會下標便宜的那家，收到後才發現實品的布料超廉價。這樣的情況也常發生在美妝產品上，有時在網路上看到鄉民們一致推薦某款保養品，買來自己試用過後，覺得「哪

有大家說的那麼好啊？」雖然有時候是真的因為皮膚不適合，但也有種狀況是根本買到「假貨」了……

NANA 沒有待過服飾產業，對這方面不是很在行，或許是因為需要快速產出新服飾，大牌小牌互相「學習」，所以其實在街上滿常看到很「類似」的商品，若不小心和別人撞衫，就會有點小尷尬……不過，或許這時也可以大方稱讚一下對方：「耶？你眼光跟我一樣耶！不錯喔！」

此外，有時會在商場看到觀光客瞄完衣服產地標籤後，就再次將它放回架上，原因是那件衣服「Made in China」，覺得還是想買「Made in Korea」的商品。其實現在中國是「世界工廠」，很多韓國成衣廠也遷至中國，可說是全世界的共同趨勢，許多知名品牌也一樣，但只要品管有確實做好，Made in China 也不是那麼不能接受。如果還是很在意，建議購買前注意一下產地標籤再下手。

最後，還有一個我覺得很有趣的地方，就是韓國服飾店裡的衣服，都按照顏色排得很整齊！一般台灣、日本店家，大多是按「款式」來分類，同一款衣服各色擺在一起，但韓國則是把同色衣服集中在一塊兒。今天目標想買粉紅色的衣服，就到粉紅色區塊去看有什麼款式，店家所有粉紅色的衣服都會擺在那區，和以往是「先看款再找色」的習慣很不一樣。這樣的擺放方式，經常會發生看上某個款式，想知道還有什麼顏色的話，就得花點時間才有辦法找到。

類似的概念在鞋子賣場上也有，直接用 Size 來分類，看平常穿幾號就直接到那區挑選。這部分日本也是同樣的，穿 S 碼的人就

到 S 碼去找。不知道各位比較喜歡怎樣的方式？後來 NANA 也把家裡的衣櫃照顏色分門別類，而且還按照深淺來排，意外地，這樣在視覺效果上看起來還滿整齊舒適的呢！

🌸 世界文化遺產 —— 韓國阿珠嬤

　　透過朋友引薦，有機會到傳銷公司現場見學，一打開活動現場大門，規模有點出乎我預料地大，而且裡面有 9.99 成以上都為「已婚婦女」，年紀落在 35 歲以上，大部分參加者是孩子成長到一定程度後，想開創事業第二春或是打點零工補貼家用的人。會場的氣氛非常熱鬧，講師除了介紹自家產品，也會進行美容及營養學相關知識的說明。

韓國人相當注重健身，在大樓社區裡也都設有公共運動器材。

首爾時裝週
會場。

　　在裡面見到的中年女性們，穿著打扮看起來很明顯和一般路上
隨處可見的主婦們不大相同：正式套裝、華麗洋裝，除此之外，
她們還上了很完整的妝容，皮膚從頭到腳也像電視上看到的女星
一樣雪白細緻。一位幹部級人物開始分享她的故事，她說她結婚
後開始了當主婦的日子，經過懷孕、生產、育兒……和大多婦女
歷程相似，每當下午3、4點時，她就會推著嬰兒車到社區裡的公
園帶小孩散散步。

　　公園裡有好多跟她一樣的媽媽，她心想：「難道人生就要這樣一
輩子下去嗎？圍繞著先生及孩子打轉？」後來，她加入了傳銷這
行列，慢慢地，以前是要靠老公養她，現在變成她也可以分擔一
些家務、提供孩子好的教育，甚至有時還能很帥氣地買個名牌包
送老公、帶全家人出國旅遊。她覺得她的人生豐富了起來，也開
始投資自己：皮膚管理、身材管理，讓自己變得更有自信，不再

是當初那個成天待在家的黃臉婆，也變得更有尊嚴了。

為什麼要分享這個故事？我所看到的日韓主婦們是非常不一樣的，日本女性有些人以「當家庭主婦」為榮，將家裡打理好、老公小孩照顧好，就是自己最大的安慰。不過，**韓國女性們卻認為這樣「失去了自我」，即使結婚後，還是會繼續投資自己的外貌、身材以及「腦袋」**。有一位在韓國當了 20 年主婦的日本 Y 姐姐，她說她所看到的韓國女性比日本女性還要專注保養自己的容貌，韓國阿珠罵們的皮膚看起來真的比較「Bling Bling」，而且利用公家機關健身設施的，白天也是以中年大嬸們居多，游泳、瑜珈、健身房……不僅這樣，有些主婦還會利用孩子去學校的時間學烘焙、咖啡、插花、寫詩、繪畫等，培養興趣並充實自己，而非待在家裡「做家事」。

提到韓國阿珠罵，各位的第一印象是什麼呢？燙個捲捲頭？身穿五顏六色登山服（雖說這些登山用品價錢其實不便宜呢）？講話大聲？橫衝直撞？愛插隊？我想「韓國阿珠罵」應該要去申請 UNESCO 世界文化遺產才對，因為她們就像「國寶」一樣獨一無二。她們可以提著一把大蔥逛美妝店，也可以大剌剌地在汗蒸幕裡吹……毛（← 18 禁，兒童不宜），但當需要伸張正義時，她們又搶第一挺身而出；當我們覺得她們「飛遜」眼光獨到時，說的「美魔女」又是指她們這族群。如果哪天她們「從良」了，這世界也許就少了件有趣的事呢～

註 1：「住民中心」及「洞事務所」，類同於台灣的「鄉公所」、「區公所」。

日本 vs. 韓國
哪國大男人？

　　大約是 2013 年吧，在台灣跟別人提到「男友是韓國人」，對方第一個反應就是問：「蛤？韓國人不是很大男人嗎？」後來 2015 年準備辦婚禮時，婚禮相關業者一聽到新郎是韓國人，第一句話就說：「哇，韓國人耶！那一定很浪漫！」才短短兩年，社會大眾對韓國人的觀感也改變太多了吧！

大男人也要來個日韓大戰

　　在我原先的人生規劃裡，從沒想過會和韓國人有交集，對韓國這個國家的人、事、物也完全不了解，決定正式和美男交往前，我也跟大部分人一樣，先上網輸入關鍵字「韓國　男生」，看看韓國男生在台灣女生心中評價到底如何？

　　距離現在約 8 年前，搜尋網路會出現的內容是「打老婆」、「男尊女卑」這樣的字眼。偏偏我所經歷過的兩個國家，正是輪流坐「大男人主義」寶座第一、二名的國家，這個話題由我來分享應該滿恰當的（笑）。

　　開始分析之前，還是想再三強調這只是個人經驗談，僅供參

美男説：「日文的 NANA ＝ 7，我把車牌寫上妳的名字了！」

考，實際還是要靠兩個人相處才知道喔！千萬不要看完這篇立馬上網砲轟我 XD

就結論而言，**我認為韓國的大男人，出發點是「為女生著想」；而日本的大男人則是比較多「為自己著想」**，日文裡有一個詞叫做：「俺樣」，以中文來說意思較接近「老子最大」，老子想怎樣就怎樣！

現代日本年輕一輩這樣子的現象或許稍微好轉，以前讓我印象深刻的是，一對情侶在搭電車時若遇到只剩一個座位，那個空位竟然是讓男生坐而不是女生，有時候女生站著還要拎著自己的包包；甚至如果有購物的話，那些購物袋也都是由女生來提。在韓國不太可能發生這樣的事。

說起來有點慚愧，到韓國後，我「完全」沒有搬過一次重物！可以這麼肯定用「完全」這兩個字，是因為這是「真的」，拍胸脯保證，是！真！的！韓國超市喜歡販賣非常「大包裝」的商品，每次去超市，總是滿載而歸，有時真的太重了想幫美男搬一點，

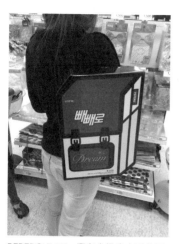

PEPERO DAY，業者會推出有別於平常的特別版包裝巧克力棒。

但他寧可分少量自己多搬幾趟，也堅決不讓我去扛。當然如果有時他身體不舒服，也是會體恤一下，不是不分青紅皂白全部都讓男方為自己服務。

也許會有人認為，那是因為男女朋友、夫妻關係才這樣，那就再舉另外一個例子好了！因為長期流浪在國外，每次回台灣總是大包小包帶了很多東西，我的身高不算很高，要將手提行李放到飛機座位上方的行李架，其實是有點吃力的。根據這麼多趟飛行經驗，坐台灣—韓國線時，容易遇到好心男士幫忙，日本線大多只能請空姐協助，或是靠蠻力把它們放上去 T＿＿T。韓國男生與其說大男人，應該是說他們把男性與女性該做的事劃分得很清楚，像搬重物這檔事，就是男生該做的工作，也許是受到儒家「男女有別」觀念的影響。

先前提到「幫女生提包包」這件事，日本節目也曾討論過這個話題，受訪男性對於「為什麼不幫女性提包包？」回答的理由有：「看起來很娘！」、「與自己造型不搭！」諸如此類與自身形象有關的答案。相同問題拿去問美男，他則覺得：「有什麼不好意思的？為女生服務是件很正常的事呀！」而且外人一看那種造型的皮包就知道一定是幫女朋友提，不用感到害臊。從這麼小的一個問題，也可以看出日韓民族思想上的差異。

其他還有我們在交往時，美男可能會很密集傳訊息確認「現在在幹嘛？」、「在哪裡？」或是很嚴厲規定「幾點前要回家」。對有些人來說，可能會覺得「好煩喔～為什麼要管這麼多？」可是其實他們的出發點是要保護女生安全，為了女生好才這樣要求的。

＊ 韓國各世代大男人程度

　　回到剛才說的，因為韓國社會將男性與女性該做之事劃分得很清楚，所以有時很容易被誤解成韓國男生很「大男人主義」。比如一個很典型的例子：「做家事」。**受到儒家思想影響，「男主外、女主內」的觀念還是根深柢固在現今韓國社會。**

　　美男爺爺，是有經歷過韓戰那輩，他大概就是網路搜尋結果會出現的那種「大男人」、「愛喝酒」型。聽說美男奶奶年輕時，為此受了不少苦。美男爺爺現在雖然年歲已高，但只要我們到爺爺家時，還是可以看出家務事得由女性們負責，爺爺只有在飯煮好後才會出現在餐席上。而且在美男爺爺家吃飯時，男女是要分開的，男生一桌、女生一桌，媳婦們通常要等到所有人都吃飽後才能用餐。吃飯時也是要等美男爺爺先開動，所有晚輩才能吃，爺爺還有專用碗筷，跟其他人不一樣，一看就會知道這是「大家長」專用席。

　　美男爸爸，是戰後嬰兒潮世代。可能因為有美男爺爺這樣的不良榜樣，加上我們阿爸是九兄弟姊妹裡的長男，若阿爸也跟爺爺一樣茶來伸手、飯來張口，翁罵大概撐不了多久就要跟他說「莎喲娜啦」了吧！因此我看到的美男爸爸是會幫忙做家事、也會打

理家務，這樣的現象在阿爸退休、翁罵車禍之後表現得更為明顯。而且也因為美男爺爺以前「喝酒肇事」造成太多不堪回首的回憶，阿爸是滴酒不沾，在韓國這樣的現象比較特殊一點。

　　美男，若以台灣來說，可以被稱作「草莓族」吧！極受父母寵愛、父母不忍心看孩子們受苦，將許多苦差事都攬在自己身上的1980 年後世代。嗯……我必須誠實地說，美男是不太做家事的，但我深深認為，會養成這樣的習慣，他的爸媽、也就是我的公婆，要負上大部分責任，因為他們從小並沒有要孩子「幫忙做家事」。雖然美男不太打理家務，但他卻覺得扛起一家是他的責任，他必須為自己的家庭負責，相較於一些連經濟層面都不願意負擔的男性，美男沒有 100 分也有 70 分，算及格了啦！

　　教我韓國文化的嚴老師在講解朝鮮時代時，她說**在朝鮮時代以前男女其實是平等的，是朝鮮時代引進「儒教」後，女性地位才瞬間被貶低，而且一直流傳到現代。**老師很嗆辣地告訴我們，如果另一半還是不願意幫忙分攤家務、有男尊女卑思想的話，不用

1、2 11/11 日是比情人節還重要的 PEPERO DAY，男生女生都會應景買上一盒巧克力棒送給職場同事、心愛的人。

客氣反諷老公一句:「你是朝鮮時代的人,晚了幾百年,生錯世代了吧!」

◢▊ 韓國歐爸,真的那麼浪漫嗎?

受到韓劇影響、現代網路資訊發達,任何一個人都能成為自媒體的關係,對於韓國的情報相較於以前迅速、多元化了許多。

戀愛劇裡的男主角,超高顏質當然沒話說,通常對女主角也很癡情,有時還會展現許多貼心舉動,讓觀眾看了「一顆心撲通撲通地狂跳」,恨不得化身戲中女主角。在韓國街頭,也很容易看見「閃死人不償命」的接吻、擁抱、穿情侶裝大膽示愛的韓國情侶們。跟美男還在交往階段時,甜言蜜語、紳士舉動、製造驚喜甚至還買了一台車,車牌寫了我的名字,把妹招數極為高招,讓小女子心花怒放、無法招架,以致於現在心甘情願地嫁來韓國做牛做馬。

年輕韓國男性,也許是受到西方「Lady First」觀念影響,在與女性交往時,把女孩子當成公主般寵愛,站在女性立場來說,真的是會有種「韓國歐爸好浪漫喔~ >////<」的感覺。電影《我的野蠻女友》應該是最經典的代表作了,好像女生再怎麼蠻橫霸道,男生都會無條件忍讓。也因為這樣,幻想有個「韓國男友」便成為現在很多年輕女孩的憧憬。有些人還會透過手機 APP、網路交友,希望能夠找到「Mr. 歐爸」。

有人如願遇到了不錯的對象,順利結為連理;而有些人卻被耍得團團轉,最後只剩下一顆傷痕累累的心。和我一樣走進婚姻

「NANA 好喜歡雪，但是雪很髒不可以吃喔！也許妳的心就像雪一樣
純白……」by 美男。

這條路的朋友，有時也會覺得老公婚前婚後判若兩人，像我都笑
說：「美男所有的浪漫因子大概在我們交往時就釋放殆盡了吧！」
難道之前那些都是裝的嗎？婚前當公主，婚後變奴隸？

　其實也不全然是這樣，在交往時所面對的，與婚後還是有很大
差異。以往只是兩人幸福小世界，但結婚後除了要面臨生活、經
濟壓力外，還有孩子教養、雙方家族……諸多現實殘酷考驗。不
論是戀愛也好、婚姻也好，**我始終認為經營一段關係，還是要靠
兩個人共同努力、相互磨合去達到平衡，只有單方面一味付出，
終究會有翻船的一天**。然而台灣跟韓國都是受儒家思想影響很深
的國家，通常「報喜不報憂」，透過網路媒體所看到的，大多是
較美好的一面，事實上也有很多異國連理到最後分道揚鑣、形同
陌路，只是這樣的事並不為人知。婚姻不是兒戲，在結婚前多方
面停、看、聽，不論本國戀或異國戀，終究只是人與人之間的相
處罷了！

Chapter
5

我們結婚了！
衝撞傳統的
異國戀曲

韓國結婚
實戰守則

　　台灣結婚習俗中，男方必須向女方下聘，以表男方有足夠能力照顧女方，其中「小聘」也有地方說法認為是感謝女方父母將女兒養大的「乳母錢」；在韓國則是完全相反，女方必須「討好」婆婆，送上高貴禮物給男方，希望親家好好照顧自己的寶貝女兒。

　　很多台韓聯姻在準備婚禮看到這點時，一定都有種「開什麼玩笑？別鬧了！」的想法。

　　然而不只有台韓聯姻，應該不分國籍、準備踏入婚姻的新人，都有可能因為「禮俗」問題談不攏大吵一架，就此取消婚事的也大有人在。

不輸中華文化的繁文縟節

　　「結婚不光是兩個人的事，而是兩家族的結合。」相信這句話應該不陌生，在韓國如此注重「家庭」觀念的國家，「婚姻」更是不可兒戲。

　　以傳統韓國結婚禮俗來說，**交往中的男女，彼此都達成結婚共識也取得家長同意後，雙方長輩會進行「相見禮」**（상견례），

這是長輩們初次打招呼、對於婚禮正式會談的場合，通常會選擇較安靜且檔次不錯的餐廳或傳統宮廷料理店來舉行，類同於台灣文化所說的「提親」，雙方長輩會針對婚期、舉行地點、需準備的物品等內容來討論。

雖然帶有點迷信色彩，韓國民間習俗也會將男女兩人之農曆出生年月日及時辰按照陰陽五行法則算兩人命格是否合適，這個步驟稱「宮合」（궁합），也就是我們所說的「合八字」，並選出婚禮的良辰吉日，稱之為「擇日」（택일）。非常講求遵照古禮的翁罵，在我們準備結婚階段時，這步驟當然也比照辦理，有拿我的生辰八字去算過啦！

韓式清新簡約的婚紗照，是許多新人嚮往的風格。

在報章雜誌上，可能會看到「韓國人結婚很花錢」這樣的報導，那是因為男方需要承擔「準備房子」這個重責大任，無論是用租的還是買的，都得花上一筆龐大的置產費。而我們**所謂的「嫁妝」這類家具、家電、新房室內裝潢等房屋內部所需物品費用，則是由女方來負擔，在韓文裡稱作「婚需」**（혼수）。到家具店跟銷售員說要看「婚需」，他們就會引領客人到床、衣櫃、化妝台……這些新房基本配備區域了。

此外，**女方為了要讓男方親戚、家人在未來可以好好關照嫁過去的女兒，還會送上「禮緞」（예단）給男方家族，行情據說是男方準備房子費用的 10%**。古時候絲綢被視為很珍貴的禮物，演變至今，禮緞內容有給男方親戚訂做的「韓服」、送「棉被」這類布織品，或「銀製餐具」、「陶瓷餐盤」等食器類，也會依照婆婆喜好，送上名牌包、珠寶等相關奢侈品，也有人直接以「現金」取代。

男方也需要準備「禮物」（예물），這是象徵兩人合而為一的約定，通常是準備婚戒、對錶、韓服、珠寶套組、保養品組這類物品給女方，會在婚禮之前，由男方友人將裝有禮物及「婚書紙」（類似結婚誓約書）的「函」（함）抬至女方家。擔任抬箱任務的人稱為「送函使者」（함진아비），還會戴著魷魚乾做成的滑稽面具、提著紅藍色燈籠前往女方家，在快要抵達前開始大聲喧譁「來買函吧！」（함 사세요！）女方友人要用酒、意思性禮金一步一步引領送函使者進入女方家，送函使者會故意不進去，繞至鄰居家外面，鄰居也會因為門外騷動出來一探究竟，這是古代婚禮時鄰居和婚主一同分享喜悅的活動。不過近年來因為怕吵到街坊鄰

居、有些人不了解這樣的習俗而去檢舉等諸多因素，這個儀式大多被省略或改良掉了。

到這裡都還只經過三分之一而已，要抵達結婚儀式的終點還需要訂婚禮場地、拍婚紗、製作喜帖、訂製韓服……各位看倌是不是已經想轉台了（笑），麥安內啦～請繼續看下去嘛～～

辦婚禮，快！快！快！

在韓國，如果沒有堅持一定要按照宗教信仰來辦的話，**通常會選在專門辦婚禮的「結婚會館」（Wedding Hall）舉行**，大多是整棟都在舉辦婚禮的建築，每層樓有不同造型的場地，也設有餐廳，以小時為單位。也就是說一到假日，每個小時、每層樓可能都有 1～2 對新人在舉行婚禮，第一場婚禮多從上午 11 點開始，一直到傍晚輪番上陣。若是結婚吉日，熱門場地也很搶手，得提前半年甚至以上預訂，才能訂到心目中理想的婚宴場地及時段。

1 韓國婚禮場地。2 韓式喜帖大多以白色為基底。

韓國人大概怕麻煩，**辦婚禮喜歡「套裝行程」，大多會透過婚禮顧問來承辦婚禮的各種事宜**，規模大一點的婚顧公司負責的內容，除了婚禮之外，還有度蜜月、準備給雙方家族的「禮緞、禮物」，甚至新房所需之家具、家電都可以幫忙規劃。婚顧公司的資訊除了網路以外，韓國也和台灣一樣不定期會有「婚紗展」，這也是個找尋業者的好管道。有些人是先訂了場地後，選擇婚宴會館的包套行程，內容包括：場地租借、婚紗照、當天妝髮、禮服出租、當天婚攝……若會館配合的婚紗公司不是新人喜歡的，也可以只單租場地，但費用當然不比套裝行程划算，因此滿多新人都會在包套內容中做選擇，一來比較不麻煩，二來也比較省荷包，何樂不為呢？

1 祝賀花圈。2 婚禮顧問公司。3 婚後贈送賓客的致謝年糕。

這樣的費用按照地區不同可能會有差異，大概是從韓幣 200 萬起跳（約新台幣 58,260 元），看選擇的婚紗公司，如果要用到韓流明星同等級，價錢當然就會跟著 Up Up 啦！若以平均韓幣 250 萬（約新台幣 72,825 元）來看的話，有時台灣光拍婚紗照可能就差不多這個價位了。

　　婚宴當天的餐費是另計的，視賓客多少、用了多少份餐食後再結算，每一份餐的起跳價大約是 3 萬韓幣（約新台幣 874 元）。現在宴客以自助餐式（Buffet）為主流，除了韓食之外，也提供日式壽司、生魚片，還有中式勾芡、海鮮、湯類、西式輕食、沙拉、甜點、水果等，可符合不同客人的需求。在尋找婚禮場地時，婚宴會館所供應的餐食是否美味也是考量因素之一，有些會館會開放試吃服務讓新人參考。與台灣文化不同的是，在用餐的地方，是當天在那棟婚宴會館舉行婚禮的所有賓客混在一起，沒有分「美男府＋NANA 府」的賓客就一定要坐在哪區，真的就很像到大飯店吃自助餐，三五好友湊在一桌而已，也不會限制什麼時候用餐，若提早到的賓客想先填飽肚子再觀禮，直接拿著餐券去餐廳就可以開動了，有些人甚至吃完拍拍屁股就走人了。

　　不是自助餐形式的會館，以供給一份「**牛排骨湯**」（갈비탕）及幾道精緻配菜方式居多，在圓桌上除了牛排骨湯這道主菜之外，其他副菜像是沙拉、泡菜、拌生牛肉、八寶菜、水果、年糕……這些食物會一直擺在桌上無限供應，就算換了不同組客人，還是吃同樣食物；要食用時，拿起桌上的公筷母匙夾到自己盤子裡享用，這樣的方式較適合行動不便的長者，坐在座位上等服務生供

1、2 以牛排骨湯為主餐的宴客形式。3 現今韓國婚宴以自助餐形式為主流。

菜即可。據說這是比較古早的宴客方式，因為供菜盤數少，餐廳會把心力集中在這幾道料理上。

古代婚禮時，會給客人「麵條」（국수）當作婚禮的餐食，象徵夫妻可以長長久久幸福過生活，**因此韓文裡有一句俚語：「什麼時候請我吃你的麵條啊？」**（언제 국수 먹여 줄래？）**就是間接在暗示對方「你什麼時候要結婚啊」**至於為什麼會變成牛排骨湯，有一說法是，麵粉在現代已經很普及了，因此以相較麵粉昂貴的「牛排骨湯」來代替以前的「麵條」。

人人皆可變身韓劇男女主角！

也許是受到韓流影響，韓式自然、簡約、高雅風格的婚紗照掀起一陣風潮，業者紛紛推出「韓系」攝影棚、妝容來吸引新人，

從國外飛來韓國拍攝的情侶也不在少數。我自己是沒有堅持一定要拍哪國特色的婚紗照，既然住在這裡，就順理成章地成為韓式新娘囉！

以首爾地區來說，婚紗業者不是像台灣「一條龍」，採整間店從頭包辦到尾的方式，禮服有專門租借的店、妝髮有專門做造型的美容室，拍攝則又是在另外的攝影棚進行，不同領域的達人們各司其職，因此大有機會挑到平常韓星們御用的美容室或是某對明星情侶結婚時用的攝影棚，和明星們享受同等服務，成為耀眼 Super Star ！幸運一點，在做造型時還有機會遇見「野生」韓流明星喔！

透過代辦公司或在韓國當地自行找業者，首先工作人員都會拿出很多相本讓客人參考，每一本相冊代表不同攝影公司，而每家攝影公司可能也會有一本以上不同樣式的作品，通常就是依照相本裡出現的所有場景來進行拍攝。換句話說，選定哪個樣本，拍出來的婚紗照基本上就是跟看到的範本有 8 ～ 9 成相似，只是照片中的男女主角換人而已！在實際拍攝時，每個場景也大多有既定 Pose，攝影師會教導如何擺，所以只要遵循攝影師說的去做，就很有機會在照片中化身有如韓劇主角般的俊男＋美女啊！

挑婚紗的方式也和台灣不太相同，台灣傳統婚紗店的做法大多是整間店有數百件禮服，如果有時間就可以一直試穿，直到找到那件「就是它」！但在韓國，店家普遍不會讓客人無止盡試穿，在諮詢階段時將自己喜歡的婚紗類型告訴專業禮服師，再由他們拿出適合新娘的 3 ～ 4 件婚紗出來試穿，有些店家會酌收試穿費

用。如果去了幾間當初合約內容談好的禮服店都沒有中意的婚紗，想再參考別間，也都需要額外再收取費用，有些韓國人將找婚紗的過程稱為「婚紗巡禮」（Dress Tour）。

韓國禮服店滿棒的一點是，**在試穿時都會簡單幫新娘配上捧花、做造型，讓新娘可以在試穿婚紗時模擬當天穿的感覺**，而不是在拍婚紗或婚禮當天臉部上完全妝、做完造型後發現跟試穿時想像的有差異。電視劇裡不是都會上演那種新郎抱著一顆忐忑的心，在更衣間外等待新娘換婚紗，待布簾拉開那一刻，新郎眼中愛心四射……就是這個步驟（笑）。需特別注意的是，**韓式婚紗幾乎清一色以「白色」為基調，因為他們認為白色屬於很高貴的顏色**，跟台灣喜歡紅色、藍色、紫色這種鮮豔色系的習慣不一樣，如果想要拍色彩豐富的婚紗照，可以在拍便服照時，加入自己喜歡的元素。

雖然婚紗整個都是白色，看似有點無趣，不過實際在拍攝時，助理也會幫忙加上小罩衫、長紗、蕾絲這類配件及髮飾，所以即便是穿同一件禮服，照片看起來也會是完全不同的效果，像換了很多件禮服。在要撰寫這篇時，再次把我們的婚紗照相本拿出來翻了一遍，即使過了 3 年也還滿耐看的，或許是因為沒有過多修飾，才比較禁得起歲月考驗。

臉妝部分，韓式妝容也是以乾淨、素雅不花俏著名，根據本人實際被化過的經驗，看起來很像什麼都沒化，但其實什麼都化了，化妝師手法很細膩，底妝一層一層打，輕透又自然！我們拍婚紗那陣子，韓藝瑟主演的《美女的誕生》剛播完，那時很嚮往

她在劇中氣質又帶著俏皮的模樣，在做造型時直接跟化妝室長大人指名請幫我變身成「韓藝瑟」，來個「美女的誕生」吧～～～>/////<。如果有興趣想拍韓式婚紗，可以拿自己欣賞的藝人照片或妝容讓他們參考；如果沒有特殊想法，也可以直接告訴化妝師絕對不能接受的點，像是不要讓整個額頭外露之類的，他們就會知道要避開。相信以化妝師們的專業，一定都有不錯的水準啦！

🎒 結婚當日大作戰

　　來到結婚典禮當天，現在韓國似乎沒有在做「迎娶」這個動作了。我們只有一次在路上看過新郎坐在禮車後車廂，像是在昭告天下「我們結婚了！」前後還有新郎親友團車陣陪同，看起來像要去迎接新娘。一般要結婚的新人，通常都直接一同前往婚宴會館報到。

　　韓國不像台灣，通常是男女雙方合辦一場婚禮而已，和在韓朋友聊到我們在韓國、台灣兩地都有辦的時候，大家經常露出羨慕不已

1、2 結婚當日需先到化妝工作室著裝，和台灣婚宴有新秘到府服務的方式不同。

的目光，覺得可以當新娘很多次還不錯（但支出也跟著翻倍啊～T_T）。宴客當天一早，需先到化妝工作室著裝，台灣是婚宴當天另請新秘負責，但韓國則是先在婚紗店配合的美容室做完基本造型、換上婚紗後，到會場再由一個助理協助。會場助理多為打工性質，有 Case 才接，需要另外包禮金給她們。滿多部落客會稱助理為「阿珠罵」、「姨母」，不過我們結婚時，婚紗店倒是都用英文 Helper 或韓文「助理」（도우미）來稱呼，這樣的叫法比較不受年齡限制，助理會協助簡單補妝、整理裙襬這類工作。

媽媽們也會在同一個美容室上妝，我覺得相較於新娘，媽媽們反而更在乎自己的造型，氣勢不能輸給其他人！「髮捲要上更捲一點」、「這邊要再加深一點」……化妝間裡媽媽們的 Order 聲此起彼落，準新娘在旁邊看著也挺好玩的 XD

著裝完畢後搭乘新娘車前往會場，有些新人會將禮車稍作裝飾，看起來比較喜氣；不裝飾的也有，並沒有硬性規定。不過和台灣一樣，會借一台比較高級的名車作為新娘禮車，只是韓國新郎倌比較苦命，要自己駕駛，疑？應該不是只有美男這樣吧？

抵達會場後，新郎和公公開始在會場外招呼賓客，新娘則是被送進一間開放式的「新娘待機室」，得像個洋娃娃般美美地坐在寶座上，供眾親友拍攝，這時也會有包套方案的攝影師來進行當天婚攝部分，「來～優雅地看前方」、「微笑」、「新郎一起……」，總之，那天當個漂亮公主任人宰割就是了（笑）！

媽媽們則是要在場地進行彩排，典禮開始最先進場的就是她們，雙方媽媽會手牽手登場，開啟點燭火儀式，媽媽們所穿的韓

服也非常講究喔！韓國人認為結婚的兩人分別代表陰（女生）＆陽（男生）的結合，因此**男方媽媽在選擇韓服時，通常會穿著藍、綠色系韓服，女方媽媽則是使用紅、粉紅色系。**

　　翁罵非常在意韓服這部分，現代韓國人穿韓服的機會，大概只有在婚禮、周歲宴、過年過節這種重大場合，訂製一套韓服的價位，平均約韓幣 50 萬左右（約新台幣 14,565 元），依照選的布料不同，價錢也會跟著變動。當時雖然翁罵有說要訂製一套給我當紀念，不過由於穿的機會實在很少，加上整套韓服其實也很佔衣櫃空間，CP 值不是很高，後來就決定用租的。

選擇租賃韓服，不僅每次都可以穿到不同花色及最新款式，還不會佔衣櫃空間。

1 婚禮一開始由雙方母親進行點蠟燭儀式。2 ～ 4 西式婚禮現場。

　　婚禮用韓服單套租借價格，大約是韓幣 10 ～ 15 萬（約新台幣 2,913 ～ 4,370 元），我覺得質感沒想像中好，據說是為了仿照古代韓服布料才這樣做的。**出租店裡的韓服有分「傳統款」及「改良款」，改良款比較接近一般無袖洋裝穿法，傳統款是裡面還要加上罩網讓裙子可以撐起來。** 如今改良過的韓服在用色上比較繽紛，甚至還有做成像婚紗禮服的樣式，相當時尚！而韓服也有分階層，一般常見的是平民百姓穿的（笑），上半身的「短衣」大概只遮到胸部附近，王族款的「唐衣」就會長到蓋住肚子。根據時代不同，流行款式也不同，翁罵雖然有自己的韓服，但在我們婚禮時也選擇了重新租借，因為之前的款式已退流行，她不想當「過氣」的婆婆 XD 真心建議大家用租的就好，實際問了有訂做韓服的朋友，平時大多只塵封在衣櫃裡，而且若每次都穿同樣花色，久了也會膩，還不如每次租借，既可穿到最新款又不佔家裡空間！

　　雙方媽媽進場並向來賓致敬後，就輪到新郎入場了！我們的婚宴會館，在新郎進場時剛好是放《神鬼奇航》的電影配樂《He's a Pirate》，咚咚、咚咚咚咚～～一整個顯得非常威風啊！旁邊觀眾

3 4

也會以熱烈掌聲歡迎新郎，在威武氣氛過後，全場氛圍一轉為溫馨，換新娘的爸爸牽著女兒出場了⋯⋯原本爸爸將女兒的手託付給新郎，這幕應該要是一把鼻涕、一把眼淚很感人的，但由於當時爸爸跟我都是鴨子聽雷，韓文有聽沒有懂，兩個人就像影片重播倒帶一樣，走了一次又退回來重走一次。還好當天婚紗公司有特地幫我們找會講中文的助理協助，場面稍微挽救了回來。事實證明「彩排真的很重要」，韓國人都不彩排的啊～（淚）。後來台灣場怕糗事重演，有很認真彩排，現在回想起來雖然爆笑，但也都是難忘的回憶，在場賓客其實也都可以理解，因為是異國婚姻，出這種小狀況也是 OK 沒問題的啦 >/////<

　　主要人物都進場後，接著會有主婚人致詞，通常都是找德高望重、熟識新人的男性長輩來擔任。以往參加婚宴的經驗，主婚人都會說上一段不～短～的內容，很多賓客在這時就會開始聊天、東張西望，我們一開始也很擔心會變這樣，還好我們的長輩很用心準備了一段「中文版」致詞，當場聽到真是又驚又喜！雖然說其實沒聽得很懂內容到底是在說什麼（喂！）

再來會有新郎和新娘的親友團表演助興，有些人可能在媒體報導上看過，藝人的婚禮這部分通常很精彩。若被新人委託擔任表演者，可以免包禮金，且新人還要包給他們致謝。網路上也有很多韓國婚禮助興內容的影片，一般來說「唱歌」是最簡單的，朋友們會選擇祝福的歌曲來祝賀新人，也有些婚禮直接是新郎跟新娘對唱情歌喔！有些親友團還會特地編排一段精彩舞蹈，吸睛度不輸藝人表演。

　　儀式的尾聲是感謝雙方父母，從女方父母開始。新郎必須行跪地大禮，新娘礙於禮服關係，只需鞠躬即可。在這裡 NANA 就犯了一個錯，不管當天穿的禮服會不會露出胸部，在鞠躬時，都需用單手遮住「事業線」部位以示禮貌。第一次行禮時我不知道要那樣做，立馬被中文小助理提醒。在這環節，兩方父母也會個別對女婿、媳婦說些「今後 NANA 就拜託你照顧了」、「媳婦啊～請多多指教」等給晚輩的話，西式典禮大致就到此告一段落。雖然

韓國婚禮必有的橋段：丟捧花，需指定近期內有結婚打算的朋友來承接。

用了很多篇幅敘述，但其實**整個流程下來大概只有 30 分鐘，速度快一點的新人，可能只花 20 分鐘就結束了！**

之後，新人會暫時退場，然後再次回到台上與參加婚禮的親友們大合照，由雙方父母、親戚、朋友輩依序拍照，也是由包套內容裡的婚攝負責。當朋友輩合照完後，最後一個儀式就是「丟捧花」啦！會指定近期準備結婚的朋友。有一個都市傳說謠傳，接到捧花的人，在 N 年內沒結婚的話，X 年都結不了婚（各家說法不一）。丟完捧花後……翁罵：「NANA 呀，捧花怎麼還在妳手上？」

唉唷，朋友們都坐飛機來，不能帶鮮花回去啊 >//////< 異國婚禮就不用那麼計較了嘛～

🖱 Cosplay 古代王族的絕佳時機

西式婚禮結束後，賓客們就可以自由前往餐廳用餐，這時新人們要緊鑼密鼓將西裝、白紗換成韓服，接著進行傳統儀式。**這個傳統儀式稱為「幣帛」（폐백），會在婚宴會館的「幣帛室」（폐백실）舉行，意思是新娘正式向男方親族打招呼，有點類似我們所說的「喝茶」儀式。**

為婚禮的傳統儀式變裝中。

1 幣帛式場地。2 參加者只限定男女雙方親族。3 新人向親族行跪地大禮。4 幣帛食物。

以往幣帛只有男方親人可參加，但近年來女方家屬一起參加的情況也很常見，不過都只限「家族相關者」，一般賓客是看不到的；有些較貼心的會館，會在餐廳裡的電視即時轉播給客人看。

原本我不是很想舉行幣帛式，因為臉頰要貼兩個紅紅的貼紙，我沒有靈芝草人那麼可愛啊（不小心透露年齡了 :P）！但翁罵說，她結婚時沒有舉行這個儀式，到現在都很後悔，於是說好在「不要貼紅點」的前提下，照正常流程辦理。幣帛式不分宗教信仰皆可舉行，有些家庭因鮮少和親戚們往來，會捨棄這個儀式。

紅點的正式名稱叫做「연지곤지」，由臉頰左右的兩個點加上眉心上一點組成，臉頰的稱做「연지」，眉心的稱做「곤지」，它的由來學者們眾說紛紜。文化課嚴老師說這是從蒙古流傳來的習慣，如同西洋婚禮認為白色禮服及頭紗象徵女性的純潔貞操一樣，在**韓式婚禮裡則認為這是代表新娘年輕貌美、未經世俗汙染的記號。**而在陰陽論裡，紅色是惡靈們討厭的顏色，因此在這樣的好日子，點上紅點可以預防處女鬼及單身鬼忌妒，有驅魔避邪的效果。特別是眉心上那個點，是新娘健康的象徵，所以再婚的人就不能再點上這些紅點了。查完紅點的由來，默默覺得自己是否太天真，還靈芝草人勒⋯⋯對不起，NANA 做了不良示範 ORZ

　　古代婚禮結束後，新郎要在女方家住上 1～3 天，才將新娘帶回自己家，女方家人會準備一些「貢品」讓新娘帶過去，因此幣帛原本是在新郎家舉行。現代由於婚禮結束後，新人大多直奔機場前往度蜜月，因此改在西式婚禮結束後接著進行。幣帛儀式上所用的「幣帛食物」(폐백음식)，當時我們拿到的目錄是從韓幣 18 萬～71 萬不等（約新台幣 5,243～20,682 元），由酒、肉乾、人蔘、韓菓、棗栗塔、乾九折板等乾果類組成，不同食物代表不同意義。桌上還會擺一對木雁，雁這種動物的習性，是失去另一半後也不會再找尋新對象，用來寓意對另一半至死不渝。一般來說幣帛食物是由女方準備，由於我們是異國聯姻，這部分還是由男方負責，翁罵說她好像自己的兒子又娶了自己女兒一樣 XD

　　幣帛儀式一開始是由男方家長入座，再依女方家長→男方親戚→新郎兄弟姊妹這樣的順序進行，因為是傳統儀式，一律都是坐

婚禮傳統儀式是 Cosplay 古代王族的良機。

在地上進行。從這裡開始，換成禮儀老師來協助，老師會先幫新人換上傳統婚禮服，有點類似大王與王妃在重大節日裡所穿的服飾，罩在原本的韓服外面，頭上加冠。新娘需雙手交疊，抬高平行舉在臉部下方，老師會掛上一塊白布，上面寫有「兩姓之合」，有些還有下文「萬福之源」，意指兩家族結合後，會成為幸福的源頭。接著兩人採跪姿，老師把酒杯盤放在新娘手背，由新郎倒酒，盛酒完的杯盤由老師轉交給在座位上的長輩，然後起身行跪地大禮，再行一次半禮，最後回到跪姿。據說這個動作正確應該是要行 4 次禮，但現在可能追求便利，逐漸被簡化了。

　　長輩們在幣帛式會說一些勉勵的話，如「兩人好好生活共度難關」、「早生貴子」，順便用手比個 2 暗示生兩個恰恰好，接著把酒喝下並壓「白包」（禮金），最後吃一點桌上的食物再離席。

唯獨男方父母，會舉行「丟棗子、栗子」儀式，棗子與栗子象徵「多產」，而且棗子、栗子樹的果實都在很高的位置，有孩子未來可以享受富貴榮華的涵義。此時翁罵使出全力地扔，我想她最期待的應該就是這關了吧（笑），我們得用那塊白布去接，接到的棗子＋栗子數量，就代表未來會生幾個小孩……棗子的個數代表生幾個男孩、栗子則代表女孩。

向所有親戚打完招呼，就輪到新郎新娘上場表演了（誤）！雙方會先互相敬禮，表示兩人未來要相敬如賓，不過那個古代君王的帽子實在有點長，我們兩個低頭時竟然撞到對方，害我脫口而出一聲「唉唷」，氣質瞬間破滅啊！還好韓國人聽不懂中文（笑）。儀式越往高潮就越來越 18 禁……接著是新人要喝交杯酒然後進行「咬棗子」儀式，誰咬到裡面的籽，就表示那個人將會掌握婚後的主導、經濟權。本來應該要是這樣的……

NANA：「我不敢吃那個生棗子，台灣都是要煮一煮才吃的，而且還要帶皮吃，我無法……」美男：「雖然我也沒吃過生的，那就我吃吧 T＿＿T」（←很無奈）

我們事先「密謀」過了，於是在這個儀式時，我完全沒咬就直接遞給美男。阿爸很激動地在旁邊大喊：「呀！你怎麼自己吃掉了！應該要給 NANA 才對啊！」我們的韓式婚禮，就在歡樂又帶點懵懂的氣氛下進入尾聲。最後一道環節是新郎把新娘背起來繞幣帛室一周，象徵「我會照顧妳一輩子喔！」（身體沉重，心靈也沉重 XD）整個傳統儀式就到此結束。最後，新人換回一般韓服，到餐廳和賓客們寒暄，感謝他們特地前來參加婚禮，也有人會在事後送

年糕、蠟燭答謝，有點類似台灣的「婚禮小物」。

　　部分新人在宴客完後，即會啟程前往機場準備度蜜月，據說是因為婚假有限才有這樣的習慣。不過我不是很贊成這樣做，因為婚禮當天非常忙碌，若耽誤到搭機時間或是為了趕飛機而發生意外，破壞喜事就不好了！度蜜月回來後，女方也要一起至男方家，帶著伴手禮正式拜訪長輩並行大禮，這樣才算是真正完成整個婚禮流程。

　　如何呢？看完韓國婚禮大全，有沒有種「還是單身比較幸福」的感覺？其實也有很多韓國新人因為婚禮事宜談不攏而取消婚事，有人還為了禮緞、禮物歸還問題上了法庭。韓文班李老師說她還曾經參加過一場婚宴，是當天賓客都已在會場等待了，才知道婚禮取消，是不是超像電影情節！也有人覺得為了面子過度鋪陳排場會造成不必要的浪費、聽從父母意見與自己的想法相違背等，於是漸漸地在**韓國也吹起了「Small Wedding」風潮，畢竟婚後幸福與否，還是得靠兩人共同營造**。美男跟我在準備婚禮時，也多次遇到不愉快的狀況，我們的問題比較偏向「語言不通」，不知道該如何與對方解釋自己國家的傳統。異國聯姻在談婚禮時，會面臨比一般人更多的習俗差異，要如何從中取得平衡，就要靠新人們的智慧了！

🖱 被邀請參加韓式婚禮時

講求效率的韓國社會，婚禮喜帖除了一般紙本外，婚紗公司都會幫忙製作「電子喜帖」，裡面會放上幾張婚紗照讓親友們一同分享喜悅，既環保又省事！有結過婚的朋友應該或多或少有過這樣的經驗，要印喜帖時總是反覆統計人數，多印也浪費、少印又很糗，重點是大多在婚禮過後，這些精心製作的卡片就會成為廢紙，被拿去資源回收……但電子喜帖就沒有這樣的問題，反正重點內容都有記載，一個「網址」透過通訊軟體傳給朋友就解決了！

1 婚宴收禮台。2 餐券。

不過這樣有好處也有壞處，因為太方便了，很容易收到「電子炸彈」，反正對方要不要參加無所謂，通訊欄從第一個丟到最後一個就對了！這樣說有點誇張，但 NANA 就收過很多次亂炸的電子喜帖，我想對方也不是惡意，應該只是希望有更多人一起參加喜宴。

韓國大多數的婚禮並沒有嚴格執行事前確認，總共會有多少賓客來參加都要等到當天才知道，會場也是按大概人數 100 位、200 位來安排，若坐不下就站著觀禮。如果有一天也不小心收到炸彈，別慌張，NANA 來教大家怎麼做！

＊禮金行情：韓幣 5 萬（約新台幣 1,457 元）起跳／人

前面大家應該有看到訂場地時的餐費，因此現在禮金行情至少都要 5 萬韓幣起跳，才不會讓新人賠錢喔！交情好的朋友就是 10 萬、20 萬往上加碼，也可看宴客場地來調整禮金多寡。若很明顯地在高級地段舉辦，就得再多包一點。和台灣不同的是，**韓國人認為雙數容易被拆開不吉利，所以禮金都是以「奇數」為主**，3 萬、5 萬這樣。如果當天無法到場參加，IT 大國也追求便利，向朋友要銀行帳戶或是透過電子支付，直接轉帳過去就可以了！是不是很有效率？

＊穿著打扮：避開白色（新娘用色）

男生的話，請穿西裝赴宴；女生就比較彈性，小洋裝、稍微正式一點的服裝都可以。

用色上，**韓國人比較不忌諱黑色**，有時冬天的婚禮，賓客清一色都是黑鴉鴉的也不奇怪，宋宋 CP 婚禮的賓客，不是也多以深色調為主嗎？**台灣喜歡的紅色，盡可能不要用**，第一次參加韓國婚禮時，想說是不是要加入一點紅的元素才比較喜氣，特別準備了一雙紅色高跟鞋，事後證明是我想太多了 XD

抵達會場後，先看是新郎朋友還是新娘朋友，禮金是分開收的。新郎朋友就交到新郎方收禮台，新娘朋友就拿到新娘方收禮台，記得信封背後要寫上自己的名字，讓收禮人方便登記。

禮金裝到白色信封裡，不用事先準備也沒關係，會場裡都會無限提供「白包」給賓客使用（笑），若不放心，也可事先在便利商店

我們的婚禮場地，是利用 360 度 3D 投影技術投射而成。

或大賣場購入。給完禮金，收禮人會附上餐券，記得別弄丟了，也可確認一下餐廳所在樓層，然後就可以進入會場等待典禮開始了！

在婚禮會場，男方和女方親友團是分開坐的，面對舞台，女方親友坐右半邊，男方親友坐左半邊，若怕坐錯，到現場也可以再次詢問。需稍微注意的是，較靠近舞台的位置大部分是留給親屬，若只是一般朋友，可以選擇中後方位置。有時前一場婚禮的時間耽誤，上一場賓客跟下一場賓客交替時會比較混亂，別介意，就當成是韓國 Style 吧！

另外，根據粉絲團讀者們的回應，很多人覺得韓國婚禮會場很像台灣的「喪禮會場」，深藍色＋白色基調，加上紅包變白包，賓客穿深色衣服，還有主婚人若致詞太長，低沉的音調在外國人耳裡聽來會有那麼一點像……瞬間不知道到底是參加婚禮還是喪禮。我想，這只能說，入境就隨俗吧（笑），也算是一種難得的體驗嘛～

🐸 人生終會來到這一天……

隨著住韓國的日子越來越長，婚喪喜慶這種事難免會遇到，紅色炸彈可以亂炸，白色炸彈也可以！

有一天，美男的手機收到一封簡訊，內容大概是這樣寫的：「社長大人的岳父過世了，希望員工們可以一同來弔喪。」台灣人對「死」很是忌諱，當下我非常訝異，和我們完全沒見過面、八字都沒一撇的人過世，竟然也會收到白帖，只因為對方是「社長大人親戚」？身為小員工的美男，是要參加好呢？還是不參加好呢？

後來他還是乖乖去參加了社長岳父大人的喪禮，這件事我一直耿耿於懷，於是去問了嚴老師。後來才知道，原來**韓國人有一種「相扶相助」**（상부상조）**的文化，喜事不參加沒關係，但喪事的時候，無論如何會想陪在對方身邊**，因此除了親人外，也會將死訊通知身邊好友、同事及相關人士。有些公司也會每個月從薪水裡撥一部分，以公司同仁名義贈送慰問金。

這樣的消息通常來得很突然，沒有充裕時間製作正式「白帖」，大多以簡訊通知，而收到簡訊的人，除非真的無法抽身或地點遠到無法到達，否則基本上不管什麼時間、有多遠都會前往赴喪。

韓國的喪禮多為「3 日葬」，也就是說往生後的第三天要出殯。如果往生者是今天凌晨 3 點離開，出殯日時設為後天上午 9 點的話，總共是 54 個小時；但如果是今天晚上 11 點離開，出殯時辰一般是早上，假設還是後天上午 9 點，就只有 34 個小時，所以並不是說 3 天就一定等於 72 小時。在出殯前這段時間，都可以挑自己方便的時段前往弔問，不分日夜。

古代社會在家裡舉行喪事的人居多，現代由於住宅空間有限，加上醫療設備進步，大多在醫院臨終，喪禮也幾乎都辦在醫院附屬的「喪禮式場」（장례식장）。以我參加過的喪禮經驗來分享，那時我們參加的是美男部長父親大人的喪禮，因為平常和部長夫婦有往來，所以連同我也一起赴喪，以下提供一些資訊給大家參考：

＊服裝：

喪主著西裝，手臂會掛上「喪主」的徽章，其餘親族則是著黑色喪服。前往弔唁時，**男生著西裝比較正式**，可以將婚禮及喪禮專用的西裝分開。如果從工作的地方直接前往，穿一般便服也可以被諒解；有些人會隨時在車上放置一套西裝以應萬變。**女生的話，以全身黑為主**，不要太過暴露。建議可以準備一套喪禮專用服裝，不然臨時要找會有點難度。飾品類盡量避免穿戴，包包也以深色為佳，臉部妝容切記別太濃。

無論是男生或女生，請一定要穿襪子，若真的沒時間準備，也可在喪禮式場附近的便利商店購買。若是先生的朋友、同事那邊的喪禮，太太可以不用參加，除了親族以外，都可以按交情選擇是否一起出席。

＊弔問金：

規則基本上和婚禮一模一樣，只是喪禮用的白包上面會多了「賻儀」字樣，會場外會擺放，也可自行準備，禮金仍是以奇數為主。和婚禮不同的是，喪禮式場入口可能沒有收禮人，直接將信封投入類似投票箱的箱子，並在簽到簿上寫下名字即可。

進到喪禮式場的建築後，會有電子看版顯示○○○往生者是在幾號靈堂、喪主是誰、幾時出殯。抵達靈堂後，需脫鞋進入。靈堂長得就跟韓劇裡看到的模樣雷同，會有一張遺照，旁邊有花及白蠟燭，棺材一般人是看不到的。**首先到靈堂上香，不分男女，一律對死者行跪地大禮兩次、半禮一次，再轉向喪主行跪地大禮一次，並奉上哀悼話語**，同時喪主也會回應跪地大禮，感謝弔問者前來參加。按宗教信仰，有些不上香、有些會以 90 度鞠躬代替跪地大禮。像這次是跟美男同事一起赴喪，同事群裡會有一位年紀最大的兄長帶著大家一起做，如果不知道怎麼做，跟著別人有樣學樣就可以了！

行禮完畢後，靈堂旁邊會有一個簡易食堂提供餐食，是為了感謝弔問者在百忙之中前來。由於是喪禮期間，所有餐食一切從簡，坐定位置後**家屬會端上幾道簡單的小菜及白飯，還有「辣牛肉湯」（육개장），是喪禮的定番湯品。**有一說法是以前喪禮大多在自家外面舉行，辣牛肉湯因為喝下去能使身體暖和，有禦寒作用，加上一次可以大量製作，味道不容易變質，用在喪禮上是比較方便的。也有另一種說法認為紅色是可以驅魔的顏色，又因為牛肉價錢比較高，雖然喪禮簡樸，卻想給弔問者一點好東西，就算只有一道也好。

實際參加過後，覺得在韓國喪禮並沒有想像中「忌諱」，上香行禮後，要在靈堂待多久都可以自己拿捏，靈堂則比預想中的小，可能除了名人之外，一般韓國人的靈堂都走簡樸路線吧！雖然粉絲團讀者們說婚禮場地很像喪禮場地，但其實靈堂的設置比婚禮

1 喪禮式場裡會提供免費白包供弔問者使用。2 喪禮所提供的簡易餐食。

還要簡樸許多。如果對喪禮有禁忌，也可在出門前準備一包鹽，回家要進門前往身上撒，有「淨身」之意。

　　有時往生者家屬雖然看起來憔悴，但並不會把難過的心情表現出來。餐會上，大家在食堂裡飲酒作樂、邊吃飯邊聊天看起來氣氛很歡樂。記得《請回答 1988》裡德善奶奶過世，德善三姊弟趕到奶奶家後，發現大家一點傷心的氣氛都沒有，甚至有說有笑在打花牌嗎？兩位姑姑在旁抱怨膝蓋痛、爸爸還向來弔問的人炫耀兒女，德善對姊姊說：「大人們也太冷血了吧！奶奶好可憐！」等所有人離開後，伯父在喪禮最後一天從美國趕回來，四兄弟姊妹才情緒崩潰抱在一起痛哭。

　　「大人們只是在忍耐、只是在忙著大人們的事、只是在故作堅強承受年齡的重擔。大人們，也會痛……」（《請回答 1988》成德善）。據說在韓國，比起用悲傷氣氛弔念死者，他們選擇用笑語來歡送，尤其是有一定歲數的往生者，死亡並不是件悲傷的事。

長男的家族——
守舊 or 革新？

我：「翁罵他們當初有反對你交外國女朋友嗎？」

美男：「嗯……有啊～」

我：「是喔……為什麼？」

美男：「他們覺得選擇韓國女生不是更好嗎？」

我：「那以後我需要幫忙家族做很多事嗎？」

美男：「不用啊，因為我是二兒子，在韓國這些都是由長男來
負責的，所以妳很幸運。」

我嫁進了傳統大家庭

我的公公 —— 阿爸，是九人兄弟大家族的長子，共有 6 個姊
妹、2 個弟弟。早期生產農作需要大量人口，加上韓戰過後的嬰兒
潮，南韓政府提倡生育，美男爺爺一個接一個生，導致有了這麼
龐大的家族。

和美男結婚以前，有耳聞過這件事，只是那時的我太天真，沒
意識到這會是件多麼「大條」的事。

與安東河回村並列為
UNESCO 世界遺產
的慶州良洞村家屋。

「NANA 呀～這位是大叔、這位是小嬸、這位是三姑、這位是大姑丈……」當時我的狀況就像叫一個幼稚園小班的孩子，硬生生記住這些代名詞一樣。除此之外，還要將這些韓文稱呼與他們每個人的長相連結。這都還是小 Case，當「眾」親戚們聚集在一起的時候，人數是非常可觀的。因為姑姑、叔叔輩也會有他們的下一代，有些孩子也和美男一樣結了婚、娶了媳婦、生了小孩，有了家族的第四代。若每次聚會一家子以平均 4 人參加來計算，4×9 = 36，再加上美男爺爺、奶奶，至少就有將近 40 個人聚在一起。

由於人數太多，外食的話費用會很驚人，因此大多時候，不！可以說是 95% 的機率，都習慣聚到美男爺爺家，那是阿爸他們從小長大的地方。

📦 沒有廁所的近百年韓屋

結婚後，第一次正式拜訪美男爺爺。爺爺家有別於在首爾北村、全州韓屋村這些知名觀光景點見到的傳統韓式建築，沒有華麗屋

瓦、稍微架離地面、以木頭為主構、泥土築牆、窗門貼的是韓紙。座落在全羅南道潭陽山腳下，屋子前面有塊空地可以曬辣椒，旁邊有些許田地可以種糧食，後面則有可以存放各種自製醬料的醬缸區域。

　　韓國傳統韓屋和日本「一軒家」的差別，在於兩者雖然都屬於獨立門戶建築，但**日本的庭院喜歡種些花花草草、美化家園，韓國則是刻意把這塊空間保留下來，因為氣候偏冷，這個空間除了可以儲蓄太陽光熱之外，也是入冬前儲糧的重要基地**。有些家庭還會在這裡擺上一座發呆亭，鄰里的阿珠罵們會在這個空間一起做泡菜、閒話家常，好不愉快。

　　當車子越開越偏僻，抱著一顆忐忑的心，既期待又怕受傷害。

　　「快到了嗎？快要到了嗎？」

　　在快要抵達前，經過了一個小鎮市集，美男開口問我：「要不要上廁所？」

　　「上廁所？為什麼現在要上廁所？」心裡覺得奇怪，要上廁所去爺爺家上不就好了嗎？

　　美男：「爺爺家沒有廁所……」

　　「沒有廁所？什麼意思？」現在幾零年代了，還會有沒有廁所的地方嗎？

　　爺爺家其實不是沒有廁所，據說是「茅坑」來著，有點歷史的排泄物都囤積在那裡。年輕一輩的親戚們，大家也不敢使用那個「廁所」，只能再開 10 ～ 15 分鐘的車，到較熱鬧的市集公廁解決。

1 鄉鎮供居民休憩、聚會的發呆亭。2 傳統自製醬料的醬缸。3 傳統韓屋的門是由木框＋韓紙製成。

　　起初這樣照做了幾次，後來覺得每上一次廁所，往返要花 30 分鐘實在太麻煩了，於是就開始找個沒有人的地方，褲子一褪，就那樣在路邊解決了。那個經驗，真是我人生一大震撼，活了 30 年，第一次在路邊光著屁股「上廁所」。

　　在中國工作時，也上過那種長長一條溝，下面有蛆在蠕動或是破爛門板阻隔的廁所。但爺爺家的廁所，竟然超越那些，到底是有多恐怖？除了廁所之外，沒有洗澡間 —— 所謂的「浴室」，也是個大問題。廚房旁邊有一個洗衣服的區塊，爺爺及奶奶平常就在那裡用冷水及熱水混和成溫水洗身體。開放式的。

　　由於平時只有爺爺奶奶兩個人，並沒什麼不方便，即使經過了數十年，他們還是照這樣的方式過生活。只是像這種所有親戚都聚集在一起的日子，這個傳統韓屋就顯得有點狹窄、不舒適了。

🗂 當韓國長媳遇上歪國媳婦

翁罵是位很有傳統美德的韓國女性，身為大家族長媳，沒有任何怨言，且樂意為這一大家子付出，她認為這就是「長媳」該有的「風範」，這樣一做就做了三十幾年。翁罵常常說她「手很大」（손이 크다），這是一句韓國俚語，形容做料理時，手抓菜的份量一次總是抓很多、很豪邁地分享食物給別人。翁罵說從小看她媽媽就是這樣做，所以現在她也這樣做。

有件事是我後來才發現的，我們家族祭拜時準備的食物，和其他家庭相較可以說是「滿漢全席」，連美男跟我的婚禮傳統儀式，翁罵也刻意訂了比其他人還要「氣派」的傳統韓菓套餐，可見她真的很重視這些。

小媳婦我，除了是外國人，思想本來就和韓國人不同外，可能也受到現代社會薰陶，覺得「拜拜不是可以簡化一點？不用什麼都自己動手做，現代人這麼忙碌！幹嘛搞死自己？」當傳統型長媳遇到新一代外國媳，翁罵大概覺得我「孺子不可教也」、「沒救了啦！」叫妳做妳就乖乖照做，不做竟然還把它寫成文章公開給大眾（笑），於是她變得非常渴望找到一個跟她一樣的「阿信型」長媳當接班人。

🗂 尋找下一代長媳接班人

美男哥 —— 美男的哥哥，就是未來要繼承龐大家族的「長男接班人」。不管是台灣、日本，還是韓國，亞洲社會對於長男普遍存在著莫名的期待，大多數長男一生下來，就要背負「繼承家族」

的重擔，美男哥也不例外。

在我眼裡美男哥是很顧及大全、有長男風範的一個人。每當家族聚在一起時，美男哥總是會照顧每個來到爺爺韓屋裡的親戚、寒暄問候：「這些日子過得還好嗎？」、「考試考得怎樣呀？」、「永圭要去當兵了吧？」當要準備祭拜食物或到山上掃墓時，美男哥總是在阿爸旁邊學習幫忙、記住祖墓位置，因為當阿爸有一天做不來的時候，這些工作便得交棒給美男哥了。身為次子的美男，真的就比較「隨便」一點，「啊～那種事交給哥做就好了啊！」他也不是完全不幫忙，但旁觀者就會很明顯看出長男與次男的差異（笑）。

基於這個原因，美男哥能有位「賢內助」從旁協助，就變成是家族的「大事」了。美男哥如果跟美男一樣，自然戀愛交到一個「歪國媳」的話，那我想翁罵他們大概就「很煩惱」了！還好這樣的事並沒有發生。

美男哥可能因為姻緣未到，空窗了很長一段時間，翁罵看著小兒子已結婚擁有自己的家庭、大兒子卻還遙遙無期，對美男哥的婚事感到非常急迫。現代社會晚婚現象越來越普遍，韓國也是如此，像美男哥這樣三十過半的年紀沒結婚的大有人在，也不是什麼新鮮事。但翁罵認為美男哥隨著年紀越來越大，要生小孩的難度就越來越高，在傳宗接代這種傳統長媳、長孫觀念束縛下，周遭的人都很積極在幫美男哥「撮合姻緣」。

現在靠自然相識、戀愛而結婚的情侶居多，但透過親友介紹找到對象的人也不少。在韓國，未婚男女參加所謂的「相親」是滿

平常的一件事，當事人雙方大多也不避諱透過這種方法認識異性。**形式除了兩方父母會正式介入的「相親」（선）外，也有比較接近我們所說的「聯誼」（소개팅）制度**，有時是多對多的聯誼，有些人數較少，也有像日本所謂的「婚活 Party」，在餐飲店或是酒吧和同樣想找另一半的陌生人聯誼，每隔一段時間可以轉盤交換聊天對象。

美男哥的相親對象，大多是透過阿珠罵間「熱心」介紹：「誰誰誰家的女兒還沒結婚喔！到了適婚年齡且心地善良⋯⋯」有一次，美男哥就透過翁罵朋友輾轉介紹，覺得對方不錯，便展開積極的追求行動，每個禮拜都開車南下與那女孩約會，甚至找我去挑要送給她的生日禮物。就在一切準備萬全，美男哥向那女孩告白時，卻被以「目前沒有打算結婚」的理由拒絕了。女孩沒有想跟美男哥交往，但送她的高級飾品卻全部接受了。如果暫時沒有結婚的念頭，為什麼又答應參加相親呢？

後來，這件事就在翁罵打電話去說了對方媽媽一頓後，黯然落幕了。

🗂 韓國女生比較好嗎？

最早，美男哥一直找不到那個「她」時，公婆想說會不會是因為美男哥「沒有車」導致交不到女朋友，於是把阿爸駕駛的汽車轉讓給美男哥，使美男哥晉升成「有車階級」。就這樣經過兩年，還是沒有下文，這次翁罵慌了，想說會不會是美男哥住的地方「風水不好」招不到桃花。當時美男哥住在公司宿舍，聽說那裡人煙稀

少且位置偏僻，後來美男哥狠下心買了一間位置不錯的房子，「有車」加上「有房」，就只缺一個「女主人」了。

美男跟我聽到這樣的消息，也只能對阿爸、翁罵這種傳統思維會心一笑，並期望能如期找到一個賢慧長媳，粉絲團的讀者們則替我們家族擔心：「這樣不會只找到一個崇尚物質主義的女生嗎？」若是看上美男哥「車」跟「房」來的女生，會是翁罵所期待的「阿信」嗎？

和一位韓國姐姐聊到我們家的狀況，她認為現今像這樣的家庭已經很少見了，而且現在韓國媳婦也會坦白把自己的想法告訴婆婆，她也很坦蕩蕩地告訴我：「沒身高、沒長相，沒關係，有錢就好！」（笑）。

美男哥在買了房之後，雖然有來了幾段桃花，但最終都以無言的結局收場。那間原本為招桃花而購入的房子，目前還是沒有女主人，反倒是狗兒子、狗女兒增加了幾隻，有逐漸變成「狗兒樂園」的傾向。到底未來能不能順利找到翁罵理想中的長媳，就讓我們拭目以待吧！

美男爺爺家附近的鄉間小路。

韓國媳婦的
年節恐懼症

　　「在你們的國家，過年都在做什麼呢？」講到韓國傳統節日這章節時，老師問了課堂上同學們各自國家的情況。

　　「出去旅遊吧！？」我台灣的家族，還真的都是這樣。

　　「那中秋節呢？」老師緊接著又問。

　　「BBQ 烤肉！」無庸置疑應該是這個答案吧！

　　「哇……真好！韓國未來也能變成這樣就好了！」老師表示非常羨慕。

　　對於近代台灣來說，這些節日變成大家可以排年假、湊長假出去遊玩的日子，但在韓國卻是和家族相聚最重要的時光，也是韓國媳婦們聽到就頭痛的日子。

🥟 民族大移動

　　曾經在網路上看過有人說中秋節前夕坐地鐵、公車時，聽到阿珠罵抱怨：「啊～中秋節快到了，又是我要累死的日子……」類似這樣的話，我相信這情節是真的，從中秋節前開始，韓國女性

們就得為這場「節日戰爭」磨刀霍霍向豬羊、張羅食物!

　　韓國的中秋及過年和中華文化圈一樣是過「農曆」，以我自己的觀察，比起冬天冷颼颼的春節，韓國人似乎更重視中秋節，因為中秋節所在的秋天剛好是農作物收成、氣候也宜人的季節，這時候可以買到新鮮豐碩且多樣化的糧食，英文也常將韓國的中秋節翻成「Korean Thanksgiving Day」，感恩祖先又讓這一年豐收。在假期開始前，超市紛紛上架各種禮盒，從洗髮精、火腿肉、食用油、水果到人蔘、高級韓牛……各種生活上會用到的實用組合，供拜訪親友時做為伴手禮以表心意。婦女們也三五成群結伴上市場採買食材，有時雖然會在大眾交通運輸上看到她們拿著超大一把蔥、活跳跳的海鮮，腥味擴散至整個車廂，但這也是韓國年節前特有的風景，別有一番風趣呀!

中秋及過年期間，超市裡紛紛上架各式實用伴手禮盒。

韓國的年節和台灣一樣有返鄉熱潮，由於人口整整比台灣多了一倍以上，加上分布非常不均勻，有將近一半的人民都聚集在首都圈，可想而知，過年過節的返鄉人潮會有多麼可怕！年節火車、KTX 票通常開賣後，就會迅速銷售一空，但大約有八成左右的民眾會選擇自行開車，而客運盛行的韓國社會，也有不少人搭乘高速巴士返鄉。韓國最主要的一條連接首爾到釜山的「京釜高速道路」，在特定時段最內側的車道會設為「巴士專用道」，有點類似台灣「高乘載」概念，因此搭乘高速巴士可能會比一般小客車來得快，可是在過年過節時，連這條巴士專用道也都會呈現堵車狀態，一台台大型巴士在專用道上動彈不得，加上小客車的堵車陣，整條高速公路就像是個巨大無比的停車場。

韓國人用「民族大移動」來形容這樣的現象，平時可能只要開 4 個小時車就可以到的距離，在民族大移動的日子，需要 10 個小時才能抵達。聽說以前道路還沒這麼發達的年代，更要花上 24 小時才到得了。當然，韓國人也會有「凌晨出發車流量比較少」的想法，不過由於大家都這樣想，紛紛在半夜上路，車流量其實也滿大的。

在一動也不動的高速公路上，不時可以看到一些奇特景象：有些商人乾脆在車陣中兜售解饞的零食。以外國人的角度來看，會認為這樣的行為也太危險了吧！不過有時真的非常塞，幾乎屬於完全靜止或是時速只有 10km 的龜速狀態，這些兜售的商人或許和台灣路上在發傳單、賣玉蘭花的人有異曲同工之妙？

因為需要長時間在高速公路上駕駛，**韓國的高速公路除了一般**

高速公路上的
臨停區間。

休息站之外，也設置了很多「臨時休息區間」，讓駕駛可以下車
舒展身體或暫時打盹。剛到韓國時覺得有這樣的設施很不可思議，
但由於我們經常需要回去探望公婆，利用高速公路的頻率頗高，
久了之後覺得這樣的構想很不錯，想上廁所時不一定得忍到休息
區；真的非常睏時，在緩衝區稍做停留、休息，也可降低車禍發
生的機率。

近年來高速公路休息站也逐漸在改建，不僅外觀新穎，廁所也漸漸改良成衛生紙可以直接沖入馬桶，相較於以前衛生許多。有的甚至還在廁所外設置了螢幕，可從燈的顏色看出哪間廁所現在沒人使用，越來越高科技化！此外，休息站的小吃也很值得品嚐，辣炒年糕、奶油馬鈴薯、各式魚板、核桃小麵包……都可以撫慰長時間卡在車陣中的鬱悶，更填飽了五臟廟。當然，像這種民族大移動的時期，休息站也是人滿為患、大排長龍，這是沒辦法的事（攤手）。

每到年節時，也可透過手機導航 APP 依據實際路況，導出能最迅速到達目的地的路徑，我們就曾經利用過，它有的時候會走高

1 高速公路休息站。2 休息站內的免費輪椅可供行動不便者借用。3、4 休息站內販賣的 B 級美食。

速公路，遇到非常堵塞的路段，又會引導到一般道路。不過婦人我覺得，走到一般道路時有個很嚴肅的問題就是：「沒辦法上廁所啊！！！」有時明明尿很急，卻一直找不到加油站、便

ITX 列車特等席車廂。

利商店，後來我們還是寧可被卡在高速公路上，至少想休息時設備比較完善！

　　由於每次年節返鄉都是趟大工程，有次為了不讓美男這麼辛苦，選擇了坐火車返鄉。實際體驗後，其實搭火車也沒有比較便捷，除了要提著行李轉換好幾種交通工具，碰到帶著幼小嬰兒搭乘大眾運輸的乘客時，孩子在車廂裡哭鬧、嬰兒車沒地方擺放……都會間接被影響；加上韓國父母們總是喜歡給子女準備大量食物帶回住處，大包小包要坐車也不是很方便，而且回到家鄉後沒有交通工具，要出門也都只能靠親友載，後來才慢慢體會為什麼大部分韓國人還是喜歡自行開車返鄉。

　　我們從鄉下回北部的那趟列車，車廂裡有八成以上都是越南移工，出站後，也看到滿多歐美臉孔在買票。火車，變成了在韓外國人的好夥伴，因為他們沒有返鄉問題，這樣的日子，成了他們有長假、可以到國內各地旅行的好時機。滿滿的外國人讓我瞬間有種錯覺：現在真的是在韓國沒錯嗎？（笑）

⑪ 無止盡的煎、尖、艱

花了好長時間終於抵達婆家，但任務還沒結束，不是馬上可以翹腳坐在沙發上享清福，女丁們得開始準備祭祀時要用的食物，像是雜菜、醃排骨、各式煎餅、蒸魚等。

在韓國，祭祀分兩種，**像中秋節及過年這種特殊節日的祭祀，據說以往祭拜時是以茶代替酒，因此被稱作「茶禮」**（차례），現今大多變成以酒來祭拜。年節的祭祖是一次祭拜所有先祖，而**平時於忌日個別祭拜的，叫做祭祀**（제사）。茶禮在一大早舉行，祭祀則是在晚上，地點通常在長男家。由於現代人生活習慣改變，每一位先祖的忌日都要分別祭拜的話，不符合經濟效益，因此有些家庭也會簡略成每年只挑一天，一次祭祀所有祖先。

中秋節及過年的茶禮內容，基本上大同小異，只差在**過年時會準備「年糕湯」**（떡국），**中秋節則是「松餅」**（송편）。年糕湯通常是用牛肉熬成的湯底，加上切成片狀的白年糕（가래떡）煮成。未切片前呈長條狀的白年糕，有無病長壽之意，白色則象徵將過去不好的事除掉，有個新的開始。每年喝一碗年糕湯，就表示又增加了一歲。

松餅則是用新收成的米做外皮，包入紅豆泥、糖粉、黃豆粉、芝麻、栗子、大棗等餡料，捏成半月型，為了美觀也會加入一些用天然食材製成的色素，如南瓜、艾草，然後鋪一層松葉一起蒸煮，出爐後散發出淡淡松葉香氣。有民間俗語說：「懷孕中的女性將松餅捏得漂亮，會生出漂亮女孩；未婚女性則會遇到好對象。」有一年，翁罵因為車禍住院，沒辦法勝任中秋節茶禮時，由三媳

1 年節的其中一項大工程就是要一直「煎」食物！ 2 祭拜用容器。

來代班，那年松餅的形狀格外美麗，好奇一問，原來是買現成的，難怪可以做得每顆大小都相同 XD

　　祭祀及茶禮的擺法，都有一定的規則。通常以祖先牌位所在的方向為北邊，祭拜者所站的地方為南邊，然後以祭拜者的右側為東邊，左側為西邊。

　　第一排：祖先牌位放在桌子最裡側的正中央，單祭拜某人時，會寫上那位的姓名，有些家庭會擺上已故者的照片代替。若是一次祭拜多位祖先，則以牌位代表。按照飯西羹東（반서갱동）的規則，白飯擺在左邊，湯擺右邊；匙楪居中（시접거중），專放湯匙的碗要擺在牌位正前方。筷子及湯匙，共有幾位祖先就要擺上幾副。松餅或年糕湯也是擺在這排。

　　第二排：魚東肉西（어동육서）。海鮮類放在東邊，煎餅及肉類放在西邊。魚的擺法則是要照「頭東尾西」（두동미서），魚頭在東邊、魚尾在西邊來擺放。

第三排：湯類。肉湯、蔬菜湯、魚湯等湯類都被擺在這層。

第四排：左脯右醯（좌포우혜）。魚乾、肉脯類的在左邊，右邊放置韓國傳統飲料「甜米釀」（식혜）。中間則會擺放一些像是拌菜及水泡菜的菜盤類。

第五排：棗栗梨柿（조율이시）。從西邊開始放置大棗、栗子、梨子、柿子這四種果實。除了這四種以外，若要放置其他水果，則按照紅東白西（홍동백서）：紅色水果在東邊，白色水果在西邊的原則來擺放。水果類最頂部會切開，有說法認為切開後代表請祖先享用之意，也有說法認為這是為了水果好擺放才切開。

其他像是還有考妣合設（고비합설）：祖先若為夫婦的話，要擺在一起；麵西餅東（면서병동）：麵類擺西邊，年糕類擺東邊；熟西生東（숙서생동）：有烹煮過的菜類擺西邊、沒加熱過的水泡菜類擺東邊。湯品拌菜類盤數要為奇數、水果類盤數要為偶數、不能擺水蜜桃、料理時不可以用醬油，只能用少量鹽巴調味、不能使用大蒜、不能加辣椒粉、韓文字母最後為「치」字的魚類也不能使用⋯⋯很多很多不成文規定。按照地區、習俗不同，各家擺法、陳設的食物也多少有些出入，這麼多的規則也是僅供參考罷了。之前請教過阿爸，這麼繁雜的規定怎麼能夠一一記住，他說擺久了，大概就會有個方向知道哪道菜要擺哪個位置，不愧是已經擺了30年以上的祭拜老手啊！

由於要準備的東西實在太多，也有業者推出祭拜食物套餐，直接買來加熱拜就行了，但有些家庭認為還是親手做對祖先比較尊敬、祖先才會庇護後代，或者覺得吃習慣自己做的口味，對於這

種便利服務接受度不一。近年過世的人，在祭拜時也會加上幾道往生者喜歡吃的食物，如漢堡、炸雞等，逐漸走向「客製化」時代。韓國比較特別的是，受到傳統儒家思想影響太深的關係，有些天主教信徒也會進行祭拜，介意的人就是不拿香也不磕頭，只負責準備食物。基督教信徒基本上不進行祭拜，以禱告方式替代。

在女性們手忙腳亂準備食物的時候，男性們也沒有閒著，有些家庭認為「男性不能進廚房」，因此會有種男性好像閒閒沒事的錯覺。由於我們家的祭拜活動還是在美男爺爺的韓屋舉行，在等待食物準備好的這段期間，男性們要幫忙修膳爺爺家內外。

1 年糕湯。2 松餅。3 婆婆說這道「串」料理是前置作業最麻煩的祭拜食物。4 據說這道蒸魚料理，在韓國人家的祭拜食物中已很少見。

通常我們會前一天就抵達爺爺家準備，在大家各自做被分配到的工作時，也是一年裡難得幾次與親戚們敘舊的時光。不過，韓國長輩們也和台灣長輩們一樣，非常關心晚輩的動態：「有沒有對象呀？」、「什麼時候要生小孩啊？」因此有些年輕人會選擇逃避，安排旅遊或是工作，刻意不在這樣的日子返鄉。

對國外觀光客來說，中秋節或過年期間，大部分店家都會休息，不過近年來狀況也有改善，只要避開過節當天，連假期間不少店家也都還是照常營業。且由於這段期間大多韓國人已回鄉過節，觀光地區反而變得比較不擁擠。

● 領個「白包」，好困難啊！

和台灣很不一樣的是，韓國中秋節及過年的重頭戲不是在夜晚，而是在清晨！通常早上 8 點左右要祭拜，因此當天大約凌晨 4 點多就得起來準備，女人負責加熱、準備料理，男人則是把準備好的食物排列到祭桌上。也有個說法是：女人不能親自將食物擺上桌，因此這項工作由男人負責。準備的環節還有一項是男人們會紛紛換上西裝，女人則是看每個家庭的要求，有些會換上韓服以表隆重。在前置作業準備差不多後，就正式開始祭拜啦！

第一次參加茶禮的我非常好奇，當時發現所有女性親戚們包括美男奶奶，全部關在廚房裡面聊天沒有出來祭拜，外國小媳婦我則是站在離祭拜房間有段距離的地方觀看他們的儀式。舉行祭拜的人清一色為男丁，按照輩份分組輪流向祖先們呈上酒、把筷子擺在其中一道食物上面、行兩次大禮再加一次半禮，所有人都拜

完後，會將房門關上數十分鐘，讓祖先們享用佳餚。等祖先享用完畢後，會有幾個代表去祭壇上拿自己最想吃的一樣東西或是酒來飲用，這個動作稱為「飲福」（음복），有點類似台灣民間信仰在拜拜完會把神明用過的毛巾拿來擦臉。不知道是不是因為我們家族多了一個外國成員的關係，規則也漸漸被「國際化」，有幾次我也在祭拜時被叫去和祖先們行禮，祭拜這件事就變得不一定只有「男性限定」了，只是女性在祭拜時要比男性再多行兩次禮，共需行四次大禮。

接下來，所有人就會聚在一起吃「年早飯」囉！過年的話，在吃完早飯後，會有大家最期待（嗯？）的「發白包」活動！**在韓國，不管是婚喪喜慶、過年過節，清一色都是用白色信封袋來裝禮金**，有些人甚至用在銀行領錢時裝的信封袋，或直接大剌剌拿紙鈔遞給晚輩。因此，我會特地從台灣帶漂亮的紅包袋、金包袋、卡通包袋來發給美男家族的長輩、晚輩們，大家都很「呷意」，說從來沒看過這麼漂亮的禮金袋，令他們印象深刻。推薦給和我一樣在國外打拚的遊子們，外國人收到中式信封袋，一定都會覺得很新鮮！

韓國的拜年，不是單純只說一句吉祥話就可以領到紅包，還要行大禮，稱為「歲拜」（세배）。男性和女性行禮的姿勢不太一樣，可以透過網路動畫教學進一步了解。大家最在意的「白包」行情，長輩給晚輩通常都只是個「小小」心意，從韓幣 5,000 起跳（約新台幣 146 元），而晚輩給長輩就會比較多一點了，至少都要韓幣 100,000（約新台幣 2,913 元）以上比較有誠意！相較於台灣，在韓國準備壓歲錢的壓力會小一點。

拜年時，家族中輩分最高的長者會坐在所有人的前方，晚輩們對長輩逐一行禮後，會說一句祝賀詞：「새해 복 많이 받으세요!」（新的一年，也請收到很多福氣！）長輩也會對晚輩說一些祝福的話，例如：「早生貴子」、「事業順利」等等，然後才可以領到壓歲錢，是不是一整個很費工夫，只為了韓幣五千塊！曾在網路上看過一則日本部落客分享的文章，她說她在韓國夫家行跪地大禮時，瞬間淚崩，因為韓國的跪地大禮，有如日本的「土下座」，那是要犯很大錯誤的人才會做的動作。若以中華文化來比喻，跪地大禮＝土下座＝磕頭。從出生到現在都沒跟自己的父母磕過頭，第一次磕頭卻是獻給了丈夫的祖先，的確有點不是滋味。那位部落客說，自從她淚灑全場之後，她們家在過年時就取消了行大禮的舉動，早知道我也……（邪笑）

少婦瞬間變大嬸

韓國雖然也有過年、中秋要穿新衣的習慣，大賣場裡也會特設兒童韓服專區，不過現代社會平時就很常在添購衣服，於是這樣的風俗漸漸消失了。有些人會只幫孩子或老公買，回婆家時比較有面子，至於自己，反正到婆家都得做事，穿那麼漂亮也許還會引來眾親戚們閒言閒語。我就曾經因為「服裝」，經歷了一場文化差異風暴呢！

第一次正式前往美男爺爺家時，想說是初次見面，禮多人不怪，那天有做比平常稍微隆重一點的打扮。沒想到抵達爺爺家沒多久，翁罵開始問我：「NANA 妳穿這樣不會不方便嗎？」那天

我著了一件褲裝，爬上爬下，一點都不會不自在。於是我回答她：「不會啊！」若要說不方便，可能還是因為爺爺家沒廁所，需要在路邊解放，褲子褪下來一個光溜溜的屁股露在野外才覺得心裡有點不舒服吧！

翁罵接連又問了幾次相同的話，然後她問了其他親戚有沒有多帶褲子可以借我穿，後來我就被強制執行換上親戚的花褲子。「現在這樣很輕鬆了吧？」翁罵說。

類似的事情還有一次，是阿爸的六十大壽花甲宴上。那天眾親戚大概有將近 40 名，全部聚集在阿爸家。我想說我是這個家目前唯一的媳婦，在這麼重要的場合，不能讓阿爸沒面子，於是穿了一套洋裝登場。

腳才剛跨進大門，那句熟悉的話又出現了：「NANA，妳穿這樣不會不方便嗎？」雖然穿了一套洋裝，但我也是準備來幫忙，不是來當花瓶的。接著，我被帶到翁罵的衣櫃前，她拿了一套上衣是彩色梅花、褲子是幾何圖形的阿珠罵 Style 衣服要我換上，那套

大賣場裡兒童韓服特設區。

洋裝進門不到三分鐘就被撤下了。再次穿上它，是親戚們都走了，我們也準備回家的時候。當下我沒有想太多，只是對於一個有點在乎時尚的人來說，那上半身與下半身完全不搭嘎的「大嬸裝」，讓我有那麼一點抵抗感。

後來回台灣，和姑姑討論到這件事時，姑姑覺得若公婆真的認為我當下的穿著不適合做家事，可以委婉一點說：「妳今天穿這麼漂亮，不要弄髒衣服了，媽來做就好！」這樣媳婦下一次就會知道要改進，而不是當下要我換掉，這樣很不尊重媳婦。

經過這兩次事件後，我再也不會穿漂亮衣服去公婆家了，會穿那樣的衣服出現也是仔細考量過，並不是每次都打扮成那樣。我想，公婆喜歡的是可以做很多家事的媳婦，而不是打扮光鮮亮麗的媳婦。與其將就穿著婆婆的花俏大嬸裝，還不如準備一套自己可以接受的大嬸裝。於是，我到傳統市場添購了一套「年節專用大嬸裝」，治裝費加起來共韓幣 1 萬塊（約新台幣 291 元）。

後來翁罵看到我穿那樣登場時超開心的，覺得小媳婦終於加入她們了！現在回想起來，不禁感嘆那時我怎麼有勇氣穿那樣出門？今後應該來研究一下韓國大嬸時尚，搞不好可以成為阿珠罵們心中的穿搭達人⋯⋯

🌑 掃墓就像叢林冒險

當年節祭拜差不多告一段落，大家會移往祖先的墓地準備掃墓。以我們家族為例，由於歷代先祖們很多，在年節當日只會掃離現在最近的「曾祖父母」之墓，「高祖父母」、「天祖父母」的墓

在韓國也有「代理掃墓」服務，掃完後會拍「認證照」給客人確認。

則另外找日子進行，一般會在中秋節之前。這段期間，假日的高速公路還會因為掃墓人潮而堵塞呢！

在講究男女分工的韓國社會，「掃墓」這件事也是由男丁們來執行，而且通常是由「長男」家族來做。由於我是個外國媳婦，讓我和翁罵兩人在家裡等候，她看我、我看她也不知道要聊些什麼，於是我也一起加入了掃墓團隊。

和美男交往時，有耳聞掃墓是件非常辛苦的事。每次在掃墓時打電話給他，都會聽到電話那頭急促的喘息聲，那時的我想說：「不過是掃個墓，有那麼誇張嗎！？」

要前往掃墓的那天早上，阿爸在庭院裡張羅除草機、殺蟲藥，並將刀鋒磨利，準備差不多後，就啟程出發了。大約開了一個半小時的車，我們來到了一個普通村子，阿爸說掃墓很辛苦，要翁罵和我在原地等候，最後一個比較小的墓再讓我們一起去。於是他們將祭拜食物、除草工具從車上卸下後，就朝墓地出發了！

經過大概兩個多小時，男丁們回來了，接著小媳婦也一起加入掃墓行列。我們穿過了一個村落，往山的方向走，我跟在大家後面，路越來越窄、越來越崎嶇，最後連路都沒有了……映入眼簾的是一座隱密的山林，邊走還得邊用樹枝撇開雜草、拓路而行。若要具體形容，很像在拍《冒險王》、《叢林冒險王系列》，連行走都已經很困難了，還要扛著各種掃墓工具和食物。小媳婦我根本就是由美男牽著連滾帶爬，穿越一般樹林、再通過竹林。爬的過程中，我一直在思考，這完全沒有指標的山林，要如何找到墓地的正確位置？用 GPS 也定位不到，當初是如何扛著棺材到這深山裡來……心中充滿了許多疑問。

「探險」持續了 15 分鐘，我們終於抵達了「高祖母大人」（曾祖母的媽媽）墓地，大概是距離現在好幾百年前的祖先。高祖母大人的「床」經過了一年，周邊長了許多雜草，我們將雜草和竹子斬除後，墓地呈現出美麗的半圓形小山丘狀。接著開始祭拜，奉上簡單的水果和零食，並對高祖母大人行跪地大禮，將燒酒以圓繞方式倒在墓地周圍，並和她說幾句話，整個掃墓儀式大概就到此為止。

還記得之前說過美男爺爺家沒有廁所的事嗎？在這偏僻的地方，想當然也是沒辦法上廁所的（路都沒有了，怎麼可能有廁所），那天好死不死好姐妹來訪，翁罵跟我說把「小棉棉」挖個洞埋起來就好……。

嗚……來到這裡後，一直在突破自己的極限。人生，真的無限可能啊！

年節離婚症候群

看完一系列「不良主婦報導」，用想像的就可以略知有多恐怖，因此**在韓國有個特殊現象，就是「年節離婚潮」**，過完這些可怕的年節後，很多韓國媳婦會忍無可忍向丈夫提出離婚。而百貨業者的業績也會在年節過後瞬間上升，因為婦女們都以「爆買」來抒發自己在年節時受到的怨氣啦！

年節的壓力，我想不單只是因為做了很多食物導致心情「不爽」，還有來自婆婆、親戚間的「毒舌」、經濟上的「支出」，都是讓情緒逐漸邁向爆炸的關鍵。有些媳婦會在快忍不住時，微笑用眼神暗示老公：「差不多要回家了喔～（^.<）」然後在回程的路上好好「教訓」老公一番！根據統計報告顯示，現代人年節停留在老家的天數相較於以前少了很多，美男也說以前根本是整個假期都得待在爺爺家，明明也沒什麼事做；現在則是最多停留 2 ～ 3 天，剩下的假期可以自由運用。

來韓國後我也得了好幾次年節恐懼症，明明是很快樂可以放假、與家人相聚的時光，卻變成得從好幾個月前就開始煩惱。尤其像我們家族又較堅持依古法辦理，對追求「快速」且「物價上揚」的現代社會來說，有些作風確實不是很符合現況。且年節祭拜都會講求要用最好的食材給祖先才會有福報，但有時花了很多錢準備了大量食物，最後吃不完也是要丟掉，造成過度浪費。有時會想，這樣堅持保留傳統到底是一種守舊美德，還是活在過去跟不上時代？各位看倌，您們覺得呢？

與婆婆
修羅場那一夜

「我不會韓文，真是對不起……」

「我是一個外國媳婦，真是對不起……」

「不能達到您心目中理想的媳婦樣子，真是對不起……」

那是嫁來韓國度過的第一個農曆年夜，我滿腹委屈、傷心地離開了翁罵家。

✍ 外籍媳婦辛酸誰人知？

由於美男的爺爺和奶奶還健在，過年過節各項行事，眾親戚們還是得回到美男爺爺的古老韓屋舉行。翁罵身為大家族長媳，在這種日子裡她得獨挑大樑，負責包辦家族們的食物。

雖然有二媳和三媳可以幫忙，不過大概 70% 左右還是得由翁罵一個人準備，剩下 30% 才是由其他人幫忙分擔。因此，身為長媳下面唯一直屬的「歪國媳」，理所當然變成了翁罵的小幫手，替她減輕一點負擔。

過去因為韓文不是很「輪轉」，大多只能獨自在一旁洗碗，親戚

美男爺爺的近百年韓屋。

們在聊些什麼，也都像鴨子聽雷一樣有聽沒有懂。隨著待在韓國
的時間變長，語言能力也日漸進步，現在開始能做一些「有指令」
的事了。

「把那個海苔烤一烤、捏碎，丟進年糕湯裡。」

「不是那樣啦！妳手濕濕的怎麼可以這樣弄！？」

「唉唷，都來 4 年了，韓文還講得這麼不好……」[註1]

「都是因為我兒子日文很好，導致媳婦韓文這麼不長進……」

不知道是不是急著準備給龐大家族享用的飯菜，翁罵脾氣變得
急躁，不僅在眾人面前大分貝「教導」媳婦，還開始向親戚抱怨
自己媳婦，並炫耀兒子很厲害什麼的，重點還是在「我面前」。

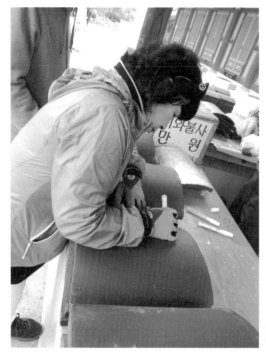

每年總不忘到廟裡
幫家人祈福的翁罵。

　　「是不是因為她車禍，身體狀況還沒恢復得很好？通常身體有病痛，情緒也會變得不穩定……」朋友如此安慰我。被婆婆酸言酸語當下聽了其實很委屈，但為了給她面子，還是裝作若無其事，把分內該做的事做完。離開美男爺爺家回到翁罵家時，這樣的情況不但沒有停止，還越演越烈。

　　NANA：「台灣是大年初一要去先生家，然後大年初二要回娘家，韓國也是這樣嗎？」

　　翁罵：「嗯……韓國是大年初一的下午就可以回娘家了，不過因為翁罵我的爸媽都已經不在了，所以妳不用去我們家沒關係。」

什麼？我想表達的是不只韓國會過農曆年，台灣也一樣，我尊重他們的習俗，希望她也能體會一下媳婦想回娘家的心情。

NANA：「可是美男到現在都沒有在過年期間拜訪過我的家人……」

翁罵：「打電話去就可以了！」

NANA：「還是親自拜訪比較有誠意吧？至少一次也好。」

翁罵：「那怎麼可以！過年期間的機票很貴耶！」

我想，她應該不是在意年假期間機票價位高，而是她真心認為像這樣的重大節日，兒子和媳婦怎能不到場參加？

前一天是在阿爸親戚面前數落我，隔天則是在自己親戚面前打壓我。

翁罵：「台灣的過年料理，也像韓國這麼豐富嗎？」

NANA：「嗯！台灣也是非常多盤子，看起來很壯觀喔～」

翁罵：「但還是韓國的比較多吧？」

這時，每年都有看粉絲團裡大家分享的年菜照片的美男，跳出來幫腔說：「沒有喔～台灣也是超多東西的！」

翁罵大概覺得氣勢輸掉，接下來又開始找其他話題想扳回一城。

翁罵：「NANA，妳每次傳給我的那個訊息，都是美男幫忙傳的吧？」

NANA：「有時候是我用翻譯軟體然後修改的……」

翁罵：「哪有，妳傳的斷句會比較奇怪，美男傳的就很正確。」

若把我比喻成火山，這時熔漿大概已經上升到 90%，呈現快要爆發的狀態了！為了冷卻下來，我開始滑手機，不參與他們的話題。雖然知道自己這樣很沒禮貌。

在滑手機的過程中，各種花俏頁面映入眼簾，但腦中的小宇宙還是停不下來：「我已經很認真學韓文了，這樣還不夠嗎？」、「比我來更久、還更不會說的也有！」、「尊重異國文化有這麼難嗎？」、「我已經很努力在融入這個家族了……」、「有不會打的內容，請妳兒子幫忙一下有錯嗎？」

心裡越想越委屈，我知道再這樣下去，那不爭氣的眼淚就快要滴下來了，於是一個人默默地回到房間。大家看我的舉動異常，便派了美男來看我，然後又在客廳議論紛紛起來。如果聽不懂韓文，也許還不會那麼難過，但現在聽懂了……那個晚上，我決定出走翁罵家。

🖐 韓國婆婆，可怕嗎？

現在回想起來，我跟翁罵那兩天大概是中邪了吧！事實上，那是我們相處兩年來第一次「婆媳修羅場」，平常翁罵大多像對待親生女兒般對待我這個來自台灣的外籍媳婦。

成為韓國媳婦後，還滿常被問：「那妳要做泡菜給婆婆吃嗎？」大家對韓國婆婆的印象，好像都是很強勢、會虐待媳婦的樣子，但很慚愧地我必須說：我到現在一次都沒有做過泡菜（笑）。

「討論」婆婆這件事，也是每次和在韓外籍媳婦們見面時必聊的話題。在聽了許多故事後，會發現韓國婆婆們其實很難用一句話來概括她們的個性。

日本派媳婦們說，最受不了婆婆每次去她們家，一定會來個「冰箱視察」，看看媳婦平常煮什麼給兒子吃，兒子和孫子會不會「餓」到；中國朋友的婆婆，則是覺得韓國傳統行事太累人，每次敷衍了事應付一下，基本上能不參加就不參加。還有朋友說她直接教婆婆打麻將，過年就不用那麼忙，大家一起打牌就對了！越南朋友的婆婆因為年事已高，孫子出生後也只有包禮金示意，沒有幫忙帶小孩，也不常去探望；菲律賓朋友則和婆婆同住一個屋簷下，料理、家事婆婆一人包辦，她平常只需學好語言、打工兼職即可。

我們翁罵，除了對那些傳統事宜堅持一定要「遵循古法」外，其他時候都非常和藹可親，可稱得上是一位大剌剌、樂天的婆婆。

「NANA，這件翁罵新買的沒穿過，妳拿去穿！」翁罵把一件內衣丟在沙發上。

「那個……Size……」她可能忽略了我跟她的尺寸是不同的呀！（笑）

剛到韓國我是完全不懂韓文的狀態，比起一般必須稱呼婆婆「母親大人」（어머님），「翁罵」（엄마）來得比較容易發音，也就是韓文「媽媽」的音譯。對於只有生兩個兒子，一直很想要女兒的翁罵、阿爸來說，我就好像他們的親生女兒一樣。有一次參

加美男同學的婚禮後，我的高跟鞋鞋底掀開了，翁罵不僅幫我黏好，甚至還蹲下來親自幫我套上，那時我心想：「天哪～我會不會遭天譴？」這種事怎麼可以讓婆婆幫媳婦做呢！？

　　每次只要去探望公婆，翁罵總是會準備一大堆瓶瓶罐罐、保鮮盒、塑膠盒，食物的量多到讓人覺得「這些東西要吃到什麼時候才吃得完！？」就像媽媽擔心兒女在外不知道有沒有好好吃飯似的。每年翁罵到廟裡祈福時，也總不忘記我這份，沒有因為我是外籍新娘就低人一等。

　　和別人比起來，我真的已經算遇到不錯的婆家了。真的。但我想，談到當作「親生女兒」對待這件事，似乎還是不太可能。在家族聚會時，很多時候是翁罵一個人忙翻了，兩個兒子卻悠閒地坐在沙發上打電動、看電視，要不就是在房間睡覺，等餐點都準備好了才來吃飯。問翁罵為什麼不叫兒子們來幫忙呢？大家一起分工不是能比較快完成？她說自己那一代小時候成長的過程很辛

篤信佛教的翁罵，在釋迦誕生日時會準備這樣的蓮花到寺廟裡參拜。

苦，要幫家裡幹很多活，不希望孩子和自己以前一樣吃苦，所以寧可自己累一點，也不願意讓孩子受累。

那媳婦就可以任意使喚嗎？不是說要當親生女兒嗎？── 我當然不敢把這些話講給翁罵聽，但打從心底覺得這是「不可能的任務」啊！^{（註2）}

請別在傷口上撒鹽

在台灣嫁來韓國的外籍媳婦間，經常討論的話題就是「公婆突然來訪」及「希望媳婦能打請安電話」，偏偏我也都有遇過（淚）。

如果是當親生女兒的話，應該不會在意自己兒女家裡亂七八糟吧？早期翁罵他們有幾次真的都是突然打電話來：「今天下午去你們那裡喔！」七早八早睡眼惺忪接到這種電話，立馬從床上跳起來！還好我們距離有點遠，若是 30 分鐘以內可以到得了的距離，那我可能連打掃都不用打掃，準備等死吧（苦笑）。

「唉唷，沒關係啦！翁罵不會介意家裡很亂的！」妳不介意我介意啊！經過了幾次溝通，終於取得平衡，希望他們來訪時能夠提早一天通知。但平常家裡可能還是得維持在客人來也能看的狀態，才不會屆時手忙腳亂。

請安電話這點，對於外籍媳婦們來說，真的是在傷口上撒鹽啊！若語言能力不錯的話還好一點，像我這種在幼幼班程度的人，有時打電話真的不知道要說什麼。「您吃飽了嗎？」、「最近過得好嗎？」、「現在在做什麼呢？」幾句標準台詞講完就沒

了，也沒辦法深聊什麼。SNS 家族群組裡，大多也只能以「貼圖」來回應，因為打不好，大家也不了解妳想表達的意思，打得太正確嘛……又會被說是兒子代打的，真是很難為啊！

暴風雨過後……

「NANA 呀……妳這樣走了翁罵會很傷心……」

「翁罵，是我才傷心吧？我不是日本人，也是用外語和美男溝通，我已經很努力在學韓文了……那美男呢？他會講幾句中文？」

「翁罵不是這個意思，翁罵以為這樣說會讓妳韓文學得更快……」

「我不是要比較，只是希望我們能互相體諒。來到這裡對我來說是全新的環境、全新的語言，連朋友都要重新洗牌，但對翁罵來說這些都是再熟悉不過、如同空氣般的存在……」

「翁罵對不起妳……是翁罵太急了……」

「是我才對不起翁罵，我是外國人，不能和翁罵一起做菜聊天、也不是妳想要的理想傳統媳婦，真的很對不起……」

那夜，給我和翁罵都上了一堂很震撼的課，因為是外籍婆媳，相處比一般婆媳要來得更加小心翼翼；因為是外籍婆媳，彼此的磨合期也比一般人來得長。翁罵雖然想把我當成親生女兒看待，但畢竟不是真正的親生女兒，婆婆只要不經意說一句話，媳婦就會特別在意。在婆媳相處的這條路上，翁罵和我都還有再努力的空間。

翁罵親手釀造的各種果實濃縮液。

註1：大人冤枉啊～我那時候其實只來了 2 年，但因為韓國算法莫名地就變成了 4
年……
翁罵說：「我們韓國就是 2014、2015、2016、2017 這樣共 4 年，沒有在管妳是
2014 年年初來的還是年底來的啦！」我只好含淚帶笑接受她這種韓國 Style 的算
法了 ORZ

註2：某天，不知天高地厚的小媳婦鼓起勇氣對翁罵說：「翁罵，妳如果真的把我當
親生女兒，那我應該是跟美男哥他們一樣坐在沙發上看電視，而不是在這裡刷
碗吧……」我想翁罵都可以在眾人面前「數落」媳婦了，我就來個「以直攻直」
大反攻！
沒想到，薑還是老的辣，翁罵也不甘示弱回了我一句：「當然不可能把妳當真
正女兒啊！心裡上的、心裡！」在這回合，小媳婦只好舉起白旗投降了……

韓國人
惡魔 or 天使？

也有這麼
一群人……

「翁罵,為什麼韓國阿珠罵在廁所排隊時,很喜歡用包包頂前面人的屁股啊?稍微保持點距離不是很好嗎?」

「是喔?翁罵沒有特別在意這件事,可能急著上廁所,下意識就做出這樣的動作了吧……」

應該滿多人來韓國玩,都有遇過類似情形,要不就是坐地鐵時長者插隊、走路撞到人也不道歉,或是覺得大韓民國什麼都是最好的!對韓國人的印象就是「沒禮貌」、「態度差」、「自大狂妄」,搞得自己心情也不是很愉快。

但是,全韓國的人都這樣嗎?

☕ 年輕打工仔,未來在哪裡?

NANA 雖然不是星巴克的鐵粉,但託各路好友的福,不管在哪國,都還滿常有機會到它們家消費。我遇過的日本及台灣「夥伴」,大多充滿熱情且對自家產品的來龍去脈瞭若指掌,問一些產品相關知識,他們也都能給出不錯的答覆。不過,韓國的星巴克店員……有時真的會讓人想翻白眼!一問三不知就算了,還一副

「東西就在架上，上面沒有就沒有。要不要買隨便你！」（下聯：反正你不買別人也會買 or 反正東西有沒有售出，關我屁事？）

Starbucks 在韓國的分店數量，截至 2017 年 2 月底共有 1,008 間，平均 5 萬人中有一間店鋪，排名世界第四，是日本一人平均店鋪數的 2 倍。2014 年首爾還超越紐約，榮登「世界最多星巴克的城市」寶座。也許是因為短時間迅速擴張店鋪，對員工的訓練沒做得很紮實，加上每位員工平均在職時間較短，對於自家產品的歷史並不是很了解。不過關於態度不好這件事，可能就是整個大環境的問題了。

讓我們再來看另一個例子。韓國的地下商場充斥了許多小商家，在幾坪不到的空間販售服飾、3C、小吃……這些店家有部分是年輕人自行出來創業謀生，老闆兼店員，也有些是請工讀生來顧店。有時會遇到很有人情味的店員一直跟在旁邊招呼你，有時也會遇

地方文化中心舉辦的女性求職會場。

到一副「我是有欠你八百萬喔？」、「愛理不理」這種態度超級爛的店員。身為消費者，反正銀貨兩訖，東西有給我，我也付錢了，態度好不好這件事，都還在可容許的範圍內。可是有時遇到這樣的情形，不禁會替韓國年輕人擔憂：「難道你們要這樣一輩子下去嗎？」

平常透過網路，我們可能都只接受到片段資訊，還有許多實際面向是我們看不到的。相信也有非常積極進取的韓國年輕人，為自己的未來打拚，也有許多人是「想努力卻沒辦法」、「努力了還是得不到好結果」……**一件事總有正反兩面，當我們認為對方怎麼會做出這樣的行為之餘，也許可以反過來思考，是什麼樣的環境讓他們變成這樣的呢？**

☕ 無名英雄 —— 大樓管理員

「大樓管理員」這個職位，在大部分人眼中是個不起眼的角色，對他們的印象可能是退休的老伯伯為了謀生討口飯吃，加減賺取一點報酬。韓國電視節目曾經採訪過大樓管理員，在狹小 1、2 坪不到的警衛室裡，擠著廁所、簡易床鋪，馬桶儲水槽上方擺個電飯鍋煮飯，冬天很冷時也只能靠一台暖氣設備取暖。

還沒搬來韓國之前，對管理員也沒有特殊情感，來到這裡後因為住在大樓，和管理員接觸的時間變多，幾年觀察下來，我覺得這是個很令人尊敬的職業！

韓國的大樓管理員，通常是上千戶的大社區會聘請數名，要做

深夜裡為居民除雪的大
樓管理員身影。

的事不只是代收包裹、管理進出人員這麼單純，舉凡維護社區
內整潔、協助資源回收、修剪樹枝、上班上學時段幫忙指揮交
通……都屬於他們的工作範圍。家裡的管線有問題，也都可以一通
電話到警衛室請他們幫忙。一個大樓管理員要做的可能是清潔工，
也可能是水電工，更可能是交通義警，身兼數職！

　　有一次冬天準備洗衣服時，發現洗衣機雖然電源可開，卻無法
放水，以前在日本也有遇過冬天管線凍結、水流不出來的經驗，
馬上聯想到：「該不會是大樓送水的水管凍結了吧！？」於是打電

話到警衛室詢問。過沒幾分鐘，兩位管理員來到家裡，先將大樓內部管線查了一遍，他們說管線有做保溫措施，能夠正常供水，那麼為什麼洗衣機的水還是無法順利流出來呢？

經過檢查，發現了一個很尷尬的事實，竟然是洗衣機內部的水結冰了！我想這是北國才會有的景象吧……對在南國出生的我們來說，很難想像洗衣機竟然會結凍。類似這樣的事情還發生了很多次，管理員總會在第一時間來家裡，就算不一定是大樓方的疏失，他們也都很樂意幫忙判別原因，並告知解決之道。

不過，管理員也是很有個性的喔！某次美男到警衛室準備領回因外出無法簽收的包裹，卻被管理員碎念了一頓，原因是：「已經到了管理員休息時間了！」現在要領包裹等於是佔用到他的休息時間，因此顯得有點不開心。當時我感到非常訝異，明明繳管理費的是我們，卻還要被管理員斥責？

韓國人是有話直說、不吐不快的民族，對付他們的辦法，大概只有「以惡制惡」這招才行得通吧？（誤）

☕ 讓人哭笑不得的快遞大叔

身為「愛買一族」，在實體店面買不夠，回到家還可以利用「網購」繼續血拼，輕輕鬆鬆坐在沙發上等東西送來就好。尤其剛搬來的那段期間，整間房子都是空的，需要添購家用品，有些東西在網路上買比較便宜，自然而然「快遞大叔」就成了家中常客！

在日本時,滿喜歡所謂的「宅配員」,除了可以指定送貨時段,日本宅配員對包裹也非常細心,交件人怎樣把包裹寄出,收件人收到時就是同樣狀態。還有冷藏宅配服務,可以上網訂新鮮蔬果送至全國各地。

韓國整體來說,目前在物流方面還沒有日本先進,雖然也可以寄送生鮮蔬果,但都是常溫配送再加上簡易的保溫措施(當然冬天可能有「天然冰箱」,就不需要冷藏或冷凍宅配啦),而且韓國的快遞員,真的會讓外國人「大開眼界」!

快遞大叔的日常。

首先，**在韓國快遞是「不用簽收」的**！郵局包裹可能有時還是得做簽收的動作，但一般私營快遞公司完全不用簽收，有時收件人不在家，快遞員可能就直接放在家門口，或是藏在消防箱裡。他們會傳簡訊告訴收件人包裹放在哪裡，並附上「認證照」一併傳給客人。

之前想說沒吃過幾次「榴槤」的翁罵與阿爸，在台灣旅行時吃得很開心，想讓他們再回顧一下當時的「美味」，因此請泰國同學幫忙空運榴槤到韓國。要收貨的那天本來有點擔心人不在家無法簽收，若送至警衛室，大概會被管理員伯伯「斜視」，質疑包裹怎麼一直散發出「怪味」。還好那天快遞阿糾西「很識相」直接把一箱十幾公斤重的榴槤擺在我們家門口，路過的鄰居們應該都很好奇，這箱散發出怪味，又有一根根刺的東西，到底是什麼？

為什麼可以這樣把包裹丟門口，卻不會被拿走呢？除了守信問題之外，韓國很多地方都裝有監視器（CCTV），若真的被拿走了，很快就可以查到「兇手是誰」。有時候更妙，明明在家，也回應了門鈴準備領包裹，打開門卻只看到包裹在地上。「人勒？」快遞員早已不知跑哪去了（攤手）。講求「巴力巴力」（韓文快速之意）的韓國社會，連等電梯都分秒必爭，包裹能平安抵達就要偷笑了！

接著，**在韓國快遞是沒辦法「指定時間」的**，曾經有早上 7 點半、也有晚上 11 點送達的。那時我都想說「瘋了嗎？收件人是不用睡覺的喔？」可是有一天凌晨，在外面看到一幅景象之後，快遞員再晚送來，我都會對他們說聲：「辛苦了⋯⋯」

NANA 和美男是「夜行動物」，有一次約凌晨 1、2 點，我們大樓前面停了一輛貨車，快遞員看起來很疲倦，趴在方向盤上歇息，從玻璃窗外可以看到他的貨已經堆到副駕駛座，整車呈現「爆滿」狀態……那時是中秋節還是過年前夕吧！大量的禮品、包裹，導致他們白天送不完，晚上還得繼續送。真的太累時，只能用這樣的方式稍微補眠，看了其實很心疼，誰不想早點下班回家呢？當在奇怪的時間收到包裹時，也代表快遞員這個時段就已經上工或還沒收工，用同理心來替對方想想，解讀事情的角度就會不一樣了。

某知名工廠中午休息時間，大批出來覓食的工人們。

☕ 她們，我們

日韓女性有個通病，就是大多女性在結婚後，就得離開職場步入家庭。從小認真念書、考上好學校、進到人人稱羨的公司，在遇見不錯的異性嫁為人妻後，花樣年華就此按下「暫停」鍵了。

婚後尚未生小孩的女性可能還自由一點，有了小孩，往後幾年的人生，都得繞著孩子轉。等再次回歸社會時，已經過了7、8年，要再找像以前那樣專業性的工作並不是那麼容易，一來要配合孩子們的上下課時間，需要加班、出差這類的職務就不太適合。加上已有多年與所在行業脫節，技能可能也趕不上時間變化，因此許多二度就業的女性只能找兼差性質的工作，短時間打零工，補貼家用。

像我這樣的「老公養俱樂部」成員，滿多外界人會好奇「妳們每天在做什麼呀？」、「是不是閒閒沒事做？」覺得我們就是遊手好閒在家當「貴婦」，或者也有人會說日韓老公們下班後都需要交際應酬，回到家時孩子已經睡了，老婆每天獨守空閨很孤單。剛開始滿在意別人這種說法，甚至會很難過，也許有人真的是以這種方式過生活，但並不代表所有人都這樣。

我有一位大學附屬醫院的醫療翻譯，她是位20幾歲的韓國年輕妹妹，高中時爸媽認為「學中文」是未來趨勢，因此開始培養她學中文。上大學後她曾經以交換學生的身分到北京留學，畢業後到大學醫院裡協助外國患者就醫，平時下班後不僅要精進中文，還得學一些醫學相關知識。最近除了中文，她還開始學起了越南文……都是為了工作所需。

我問她：等結婚生小孩後，可能就得離開現在的工作，不會覺得可惜嗎？她告訴我：也許短時間是這樣子沒錯，但只要擁有別人沒有的專業技能，未來還是有可能重返現在的職場，她倒是沒有很擔心這個問題。相同的話題，也曾問過美男家的親戚，擁有兩個高中生女兒的美男叔母也認為，韓國社會一直在變動，幾年後這樣「重男輕女」的現象，一定也會好轉！

　　在她們身上，我看到了努力不懈、堅持下去的動力與閃閃發光的自信，即便這社會帶著殘缺，她們還是願意挺身勇敢走下去。

1 瀏覽求職情報中的二度就業女性。2 即使這個社會不完美，還是要手比愛心樂觀地奮鬥下去喔！

韓國，人。

　　來到韓國後，在網路上分享了許多與台灣、日本不同的文化差異，看似好像都在說韓國的壞話，時常在心中思考：「韓國到底哪裡好？」、「自己喜歡韓國哪裡？」

　　我想，答案是「人」吧！韓國人。直到最近驗證了這件事。

　　那是個下雨天，準備和一對新朋友見面，因為很怕有閃失，腦袋裝了太多東西導致精神沒很振作。

　　在大雨滂沱中等了一會兒，公車來了。上車坐定位置後，打開包包亂翻了一陣，發現手機好像忘了帶，有點慌張地準備要下公車。

　　當時只跟司機阿糾西說了一句：「對不起⋯⋯」然後走下公車階梯，阿糾西看我才剛上車沒多久就下車，可能也嚇到了，一副很驚訝的表情。

　　「我忘記帶手機了，可以等我五分鐘嗎？」我們家為最終站，是有緩衝時間可以調整的。「那妳要快一點，我們 11:04 分發車。」阿糾西這樣對我說。

那時我使勁全力跑回家，心想如果阿糾西不等我也是理所當然，再搭下一班就好。我衝進家門，拿了手機，又再次拚了命跑回公車站。

　　上了車後，跟阿糾西鞠躬並說了句：「康撒哈米達～」

　　他看到我，微笑一下說：「妳真的趕上了！」然後公車就這樣上路了。

　　若是在講求「規矩」的日本，大概不太可能發生這樣的幸運事，時間一到就準時出發了。韓國人，雖然有時他們的行為舉止看起來很魯莽、強悍，甚至還會讓人感到不悅；雖然坐公車時總有那麼一點像在坐雲霄飛車，但他們剛中帶柔的個性，也讓異鄉人在這個下雨天，增添了一份溫暖。

　　太陽出來了，拎著背包，我繼續穿梭在人來人往的江南大道上……。

國家圖書館出版品預行編目 (CIP) 資料

當日本 OL 變成了韓國不良主婦 / NANA 作 . -- 初版 . --
新北市：臺灣商務 , 2018.06

256 面；14.8 x 21 公分

ISBN 978-957-05-3144-2(平裝)

1. 文化 2. 生活方式 3. 韓國

732.3   107006417

當日本 OL 變成了韓國不良主婦

作 者—NANA
發 行 人 — 王春申
總 編 輯 — 李進文
編輯指導 — 林明昌
責任編輯 — 張召儀
校　　對 — 胡翠婷　張召儀
封面設計 — 木口子
美術設計 — 陳語萱 Ivy

業務經理 — 陳英哲
業務組長 — 高玉龍
行銷企劃 — 葉宜如
出版發行 — 臺灣商務印書館股份有限公司
23141 新北市新店區民權路 108-3 號 5 樓（同門市地址）
電話◎ (02)8667-3712 傳真◎ (02)8667-3709
讀者服務專線◎ 0800056196
郵撥◎ 0000165-1
E-mail ◎ ecptw@cptw.com.tw
網路書店網址◎ www.cptw.com.tw
Facebook ◎ facebook.com.tw/ecptw

局版北市業字第 993 號
初版一刷：2018 年 6 月
印刷：禾耕彩色印刷事業股份有限公司
定價：新台幣 350 元
法律顧問—何一芃律師事務所
有著作權‧翻印必究
如有破損或裝訂錯誤，請寄回本公司更換